UNION DES CAISSES RURALES ET OUVRIÈRES FRANÇAISES

A RESPONSABILITÉ ILLIMITÉE

MANUEL PRATIQUE

A L'USAGE DES

FONDATEURS ET ADMINISTRATEURS

DES CAISSES RURALES

PAR

Louis DURAND

Docteur en droit, avocat à la Cour d'appel de Lyon

PARIS

MAISON DE LA BONNE PRESSE

5, RUE BAYARD, 5

UNION DES CAISSES RURALES ET OUVRIÈRES FRANÇAISES

A RESPONSABILITÉ ILLIMITÉE

Les fondateurs des premières Caisses rurales et ouvrières françaises à responsabilité illimitée ont senti la nécessité de s'unir pour étudier en commun les besoins de ces institutions, pour créer un centre de renseignements pour les Caisses à fonder et aussi pour les Caisses déjà fondées, qui peuvent se heurter à quelques difficultés.

Les Caisses existantes ont donc constitué une *Union,* dont le règlement sera définitivement établi lorsqu'il y aura un nombre suffisant d'adhérents.

Provisoirement, le siège de l'Union est fixé à *Lyon, 56, avenue de Noailles.* Adresser toutes adhésions ou demandes de renseignements à cette adresse, au président provisoire, M. Louis Durand.

L'Union se charge de fournir tous renseignements juridiques ou pratiques pour la fondation et le fonctionnement des Caisses.

Elle publiera des statistiques et autres documents dont le besoin se ferait sentir.

Lorsqu'elle sera définitivement constituée, elle étudiera, en outre, et établira les institutions utiles au développement des Caisses unies; par exemple, elle pourra fonder, entre celles des Caisses unies qui y adhèreraient, une *Société d'assurance mutuelle du bétail,* et une *Caisse centrale* organisée et administrée par les Caisses unies ou par leurs représentants, à l'*exclusion de tous financiers.*

Peuvent seules être admises dans l'Union les Caisses rurales et ouvrières qui rempliront les conditions suivantes :

1° Circonscription limitée à une seule commune, ou à deux communes si l'une d'elles a moins de six cents habitants.

2° Prêts aux seuls sociétaires, pour usage déterminé et contrôlé.

3° Responsabilité solidaire et illimitée des associés.

4° Interdiction de distribution de dividendes, tous les bénéfices étant attribués à la réserve.

5° Gratuité des fonctions des membres du Conseil d'administration ou du Conseil de surveillance, le comptable seul pouvant recevoir une rétribution.

Les Caisses unies, en adhérant à l'Union, conservent toute leur indépendance.

Elles ne sont pas obligées d'adhérer aux institutions que l'Union pourra fonder par la suite, telles que : Assurance mutuelle du bétail, Caisse centrale, etc.

Elles prennent seulement l'engagement d'envoyer, chaque année, à l'Union le nombre de leurs membres, la copie de leur inventaire annuel, et les totaux des recettes et dépenses du livre de Caisse, pour permettre d'établir les statistiques.

Elles ont, par contre, le droit de demander tous renseignements, conseils et consultations à l'Union, en joignant un timbre pour la réponse. L'Union leur répondra dans le plus bref délai possible.

Les Caisses unies ont le droit de se fédérer en *groupes régionaux,* qui ont toute liberté d'action pour créer des institutions d'utilité commune, organiser des Congrès, faire une propagande appropriée aux besoins du pays, etc., etc.

Mais, dans le cas où il serait constitué un *groupe régional,* celui-ci a le devoir d'en informer l'Union, de lui communiquer ses règlements, ses brochures de propagande, les statuts des institutions qu'il aurait créées, le compte rendu de leurs opérations, etc. Il doit, en outre, désigner un représentant chargé de correspondre avec l'Union.

Toutes ces communications que le groupe régional est tenu de faire à l'Union ne donnent à celle-ci *aucun droit de contrôle,* elle ne peut interdire aucun acte du groupe régional. Ces communications ont seulement un double but :

1° Permettre à l'Union de publier un compte rendu complet et des statistiques exactes.

2° Permettre à l'Union d'indiquer à d'autres groupes les institutions expérimentées par l'un d'eux et consacrées par l'expérience.

Les adhésions à l'Union doivent être signées par le directeur de la Caisse adhérente. Elles indiqueront le nom de la Caisse, le département et le canton dans lesquels elle sera située, le nom et l'adresse du directeur et la date de la fondation. Elles contiendront la déclaration que les statuts sont conformes au modèle de ce Manuel, ou, en cas contraire, la copie des articles qui auraient été modifiés.

UNION DES CAISSES RURALES ET OUVRIÈRES FRANÇAISES

A RESPONSABILITÉ ILLIMITÉE

MANUEL PRATIQUE

A L'USAGE DES

FONDATEURS ET ADMINISTRATEURS

DES CAISSES RURALES

PAR

Louis DURAND

Docteur en droit, avocat à la Cour d'appel de Lyon.

PARIS

MAISON DE LA BONNE PRESSE

5, RUE BAYARD, 5

AVANT-PROPOS

Les Caisses rurales, système Raiffeisen-Wollemborg, ont rendu les plus grands services à l'agriculture étrangère. Depuis de longues années, elles fonctionnent en Allemagne, en Autriche, en Italie, en Russie, etc. Il en existe plusieurs milliers : aucune n'a jamais fait subir *une perte d'un centime à ses créanciers*, NI A SES ASSOCIÉS. Toutes ont facilité à leurs membres l'exercice de la profession agricole, en leur fournissant les modestes capitaux nécessaires à une bonne culture, et en les délivrant des usuriers.

Depuis quelque temps, l'opinion publique se préoccupe de la question du crédit agricole. Nombreux sont les hommes qui voudraient introduire en France les Caisses rurales. Plusieurs sont fondées et fonctionnent. D'autres sont en formation. Sur d'autres points du territoire français, on voudrait se mettre à l'œuvre. Mais on ignore les moyens à prendre, les formalités à remplir, les règles à suivre pour constituer une Caisse rurale, pour l'administrer et la faire prospérer.

Le *Congrès du Crédit populaire,* qui s'est tenu à Toulouse du 5 au 8 avril 1893, a, comme ses devanciers, recommandé la Caisse rurale comme instrument de crédit agricole. Il a, en outre, émis le vœu qu'un *manuel pratique* fût rédigé pour guider les fondateurs d'institutions de crédit populaire. Le présent manuel réalise ce vœu pour les Caisses rurales.

Pour faire fonctionner une Caisse rurale, il n'est pas nécessaire d'être au courant des affaires de banque : quelques hommes, connaissant bien leur commune, appartenant à la classe agricole, et sachant faire les quatre règles d'arithmétique, addition, soustraction, multiplication et division, peuvent *administrer à la perfection* une Caisse rurale, pourvu qu'ils veuillent bien consacrer à cette œuvre, chaque semaine, deux ou trois heures de leurs soirées et deux heures de la journée du dimanche.

Pour nous résumer, la Caisse rurale n'a pas besoin de financiers et de jurisconsultes : il lui suffit de trouver des hommes qui lui apporteront un peu de temps, un peu de dévouement et beaucoup de bon sens. Ce sont là des éléments qui abondent dans nos campagnes françaises.

Lyon, 19 avril 1893.

LOUIS DURAND.

MANUEL PRATIQUE

A L'USAGE DES FONDATEURS ET ADMINISTRATEURS

DES CAISSES RURALES

I. — Qui doit faire partie de la Caisse rurale?

A. Le principe essentiel de la Caisse rurale, c'est qu'on n'accorde du crédit qu'aux gens qu'on connaît bien. Pour se bien connaître, il faut être voisins. La Caisse rurale est donc nécessairement une institution locale, n'admettant comme sociétaires que les habitants d'un territoire très restreint.

En règle générale, la Caisse rurale est constituée pour les habitants d'une *seule commune*.

Cependant, l'expérience a démontré que la commune était parfois trop grande, parfois trop petite pour le fonctionnement de la Caisse.

Quand la commune a plus de deux mille habitants, il est utile de la diviser par hameaux, de manière à fonder plusieurs Caisses rurales opérant chacune pour un groupe inférieur à ce nombre d'habitants.

Quand la commune a moins de trois cents habitants, on peut avoir intérêt à fonder une Caisse rurale qui embrasse deux communes, de manière à opérer pour un groupe d'habitants supérieur à ce chiffre.

Il est bien entendu que ces chiffres de trois cents et deux mille habitants désignent la population entière de la commune et non le nombre des sociétaires de la Caisse. Une Caisse rurale peut prospérer avec dix ou quinze sociétaires; elle peut se fonder avec cinq ou six. Les services qu'elle rend à ses membres ne tarderont guère à lui amener de nombreux adhérents.

B. La Caisse ne doit donc avoir pour sociétaires que les personnes habitant la commune ou y possédant une propriété.

Parmi ces personnes, quelles sont celles qui doivent devenir sociétaires?

En premier lieu, toutes les personnes faisant de l'agriculture pour leur compte, et pouvant avoir besoin de crédit pour cela : donc, les petits propriétaires, les fermiers, les métayers et même les ouvriers agricoles, travaillant à la journée, s'ils possèdent en propriété ou en location un petit jardin, un pré, une vache, etc., ou s'ils ont l'intention de s'en procurer. Le journalier agricole a souvent intérêt à avoir une petite exploitation agricole, une petite basse-cour qui occupe sa femme et ses enfants. Pour cela, un petit crédit lui sera souvent très utile. Il doit donc entrer dans la Caisse rurale.

En second lieu, peuvent entrer dans la Caisse rurale les personnes qui, sans faire de l'agriculture, peuvent avoir besoin de quelque crédit, par exemple : le charron, qui achète du fer et du charbon, le maçon qui achète de la chaux et des briques, etc. La Caisse rurale peut faire du crédit aux habitants de la commune qui ne sont pas agriculteurs, pourvu qu'il ne s'agisse pas d'un crédit commercial nécessitant de nombreuses lettres de change ou billets à ordre. La Caisse rurale n'est pas outillée pour ce genre de crédit, qui nécessite une organisation spéciale et des hommes du métier. Elle fera crédit à ceux qui peuvent avoir besoin de quelques avances en argent, non à ceux qui ont besoin d'escomptes et de comptes courants.

En troisième lieu, il est désirable (mais nullement nécessaire) que la Caisse compte parmi ses sociétaires les habitants de la commune qui n'ont jamais besoin de crédit, mais dont le concours peut être précieux à l'institution.

Les grands propriétaires, le curé, l'instituteur, en un mot, toutes les personnes qui s'intéressent à la prospérité de la commune, doivent tenir à honneur de devenir sociétaires, pour donner à la Caisse le double appui de leur crédit et de leurs lumières. Ils rempliront ainsi un véritable devoir social.

C. La Caisse rurale doit donc se recruter dans les diverses catégories de personnes qui viennent d'être indiquées.

Mais toute personne appartenant à ces catégories ne peut pas être acceptée.

Il ne faut pas oublier que les sociétaires sont solidairement responsables des engagements de la Caisse rurale. Ils ne doivent accepter cette solidarité qu'avec des personnes présentant des garanties de premier ordre.

Or, *la garantie de premier ordre, la seule qui donne toute sécurité,* c'est l'HONNÊTETÉ.

Tout homme travailleur, économe, honnête, ayant une conduite régulière, doit être accepté comme sociétaire, alors même qu'il ne posséderait pas un sou. Naturellement, on ne lui fera que des crédits limités ; mais la Caisse rurale peut lui avancer quelque argent, pour commencer à se constituer des épargnes qui, plus tard, lui permettront de recourir plus largement au crédit.

Tout homme paresseux, ivrogne, débauché, prodigue, doit être exclu de la Caisse rurale, possédât-il un million. La Caisse n'aurait que des déboires avec lui.

D. Les agriculteurs, dont le bon sens et la prudence sont les premières qualités, comprendront facilement l'importance du choix qu'ils ont à faire *entre les meilleurs,* pour accepter de nouveaux sociétaires.

La Caisse rurale, en outre de ses bienfaits matériels, a donc une influence morale considérable. Elle réunit une élite, et ceux qui n'ont pas été jugés dignes d'y entrer font souvent les efforts les plus méritoires pour obtenir la faveur de devenir sociétaires. L'expérience des peuples voisins prouve que la moralisation par les Caisses rurales est très active.

La Caisse rurale doit être un terrain neutre, où tous les hommes honnêtes puissent se rencontrer. Elle sera non seulement un instrument de moralisation mais encore un instrument de paix sociale, en rapprochant des hommes loyaux, que séparent des malentendus, et qui, en se fréquentant, en se connaissant, finiront par s'estimer et par s'aimer, pour le plus grand bien de la France.

II. — Formalités de constitution de la Caisse rurale.

La Caisse rurale est une *Société en nom collectif à capital variable,* régie par le titre III de la loi du 24 juillet 1867. Comme société en nom collectif, elle échappe à la plupart des obligations imposées à la généralité des sociétés coopératives françaises, qui sont des sociétés anonymes à capital variable. Ainsi, elle peut se constituer par acte sous seing privé, sans déposer cet acte dans les minutes d'un notaire; elle peut organiser ses Assemblées générales sans tenir compte des dispositions des titres I et II de la loi de 1867.

Toute la législation applicable aux sociétés en nom collectif à capital variable étant peu connue, même des jurisconsultes, il importe de suivre *exactement* les indications ci-après pour la constitution de la société. L'omission d'une seule formalité pourrait entraîner la nullité de la société. Toute formalité non prévue par les présentes instructions serait inutile, et pourrait entraîner des frais considérables.

Il résulte de la combinaison de l'art. 1er de la loi de 1867, avec les art. 53 et 54, que l'acte constitutif des sociétés en nom collectif à capital variable, peut être fait sous signature privée en deux exemplaires, quel que soit le nombre des signataires. Néanmoins, cette théorie pourrait être contestée.

Pour éviter toute difficulté, il faut donc que l'acte soit fait en autant d'exemplaires que de signataires; mais la Société peut se fonder avec deux ou trois sociétaires seulement, il n'y a pas de minimum légal. Et, d'autre part, la Société, une fois fondée, peut admettre des associés nouveaux sans faire un nouvel acte.

Pour réduire les droits de timbre au minimum, la Caisse rurale doit donc être fondée par *trois associés* seulement, puisque les formalités de publicité nécessitent trois exemplaires de l'acte constitutif.

Voici, en pratique, comment il faut procéder.

Toutes les personnes qui voudront participer à la fondation de la Caisse rurale et en devenir sociétaires, se réuniront en Assemblée préparatoire. Elles éliront le *Conseil d'administration, composé de trois membres*. Ces trois membres signeront seuls l'acte constitutif de la société, qui se composera exclusivement d'eux au moment de la signature de l'acte.

Aussitôt l'acte signé, et la société constituée, les personnes assistant à l'Assemblée générale pourront entrer dans la Société en donnant leur adhésion sur le registre des entrées et sorties, dont il sera parlé plus loin. (Voir Comptabilité, livres, inventaires.) Ainsi donc :

1° Élection du Conseil d'administration ;

2° Signature des statuts, en trois originaux, sur papier timbré de **1** fr. **20**, par les trois membres du Conseil d'administration ;

3° Adhésion des autres membres, sur le registre des entrées et sorties des sociétaires.

Le rôle de l'Assemblée générale préparatoire est terminé.

Le Conseil d'administration choisit alors parmi ses trois membres le directeur.

Le directeur fait enregistrer l'acte de Société, signé des trois membres du Conseil d'administration; cet acte est enregistré au droit fixe de *trois francs soixante et quinze centimes*. Si le receveur d'enregistrement exigeait une somme supérieure par application du droit gradué, il faudrait lui rappeler que M. le Directeur de l'Enregistrement a reconnu que les Caisses rurales échappaient au droit gradué; le fait résulte d'une lettre écrite par M. Rouvier, ministre des Finances, à M. le député Etcheverry, qui lui avait soumis la question. (Pour plus amples renseignements, s'adresser à l'*Union des caisses rurales et ouvrières françaises, à responsabilité illimitée.*)

Le directeur dépose ensuite l'un des exemplaires de l'acte de société au greffe de la justice de Paix, et un autre au greffe du tribunal de Commerce. (S'il n'y a pas de tribunal de Commerce dans l'arrondissement, le second dépôt est fait au greffe du tribunal civil.)

Le directeur fait publier, dans l'un des journaux désignés pour recevoir les annonces légales, l'extrait suivant :

Par acte sous seing privé, enregistré, il a été constitué entre

M. A... (nom, prénom, profession et domicile)

M. B... — —

et M. C... — —

et toutes les personnes qui y adhéreront par la suite, une société en nom collectif, à capital variable, sous le nom de Caisse rurale de la commune de

ayant son siège dans ladite commune.

La Société est constituée sans capital : elle est administrée par M. A..., son directeur, assisté de MM. B... et C... Tout acte engageant la Société doit porter la signature de deux de ses administrateurs.

La société commence le (date de la signature de l'acte de Société). Elle est constituée pour une durée illimitée.

L'acte constitutif a été déposé au greffe de la justice de Paix de le et au greffe du tribunal de Commerce de.... (ou du tribunal civil, s'il n'y a pas de tribunal de Commerce) le

(Cet extrait doit être signé par les trois signataires de l'acte de société.)

Un exemplaire du journal où a été publié cet extrait doit être certifié par l'imprimeur, légalisé par le maire et enregistré au droit fixe de *trois francs soixante et quinze centimes*, dans les trois mois de la date de la publication de l'extrait.

Il n'y a pas d'autres formalités à remplir : la Société est régulièrement constituée.

N.-B. — Dans tous les actes, factures, annonces, publications et autres documents imprimés ou autographiés, émanés de la Caisse rurale, le nom de la Société doit toujours être suivi immédiatement de ces mots en toutes lettres : *Société à capital variable.* Toute contravention à cette disposition est punie d'une amende de cinquante à mille francs. (Art. 64. L. 24 juillet 1867.)

STATUTS DE LA CAISSE RURALE

DE LA COMMUNE DE

SOCIÉTÉ A CAPITAL VARIABLE

ART. 1er. — Entre les soussignés :

1°

2°

3°

et toutes les personnes qui adhéreront aux présents statuts, il est fondé une Société en nom collectif à capital variable, sous le nom de *Caisse rurale de la commune de*

Cette Société a pour but de procurer à ses membres le crédit qui leur est nécessaire pour leurs exploitations.

ART. 2. — Peuvent seules faire partie de la Société les personnes majeures, jouissant de leurs droits civils, habitant la commune de
ou y étant inscrites au rôle de l'impôt foncier.

Les nouveaux membres doivent être agréés par le Conseil d'administration de la Société, et accepter toutes les obligations que les présents statuts imposent aux associés. Tout candidat refusé par le Conseil d'administration peut en appeler à l'Assemblée générale qui statue en dernier ressort dans sa plus prochaine réunion.

ART. 3. — On perd la qualité d'associé :

1° Par démission volontaire : elle peut être donnée en tout temps, mais elle ne produit d'effet qu'à la fin de l'exercice courant;

2° Par décès : les héritiers du décédé ne peuvent jouir d'aucun des droits ou prérogatives de leur auteur;

3° Par la cessation des conditions de résidence ou d'inscription au rôle de l'impôt foncier, exigées par les présents statuts;

4° Par exclusion : elle peut être prononcée par le Conseil d'administration.

A. Si l'associé est condamné à une peine correctionnelle ou criminelle;

B. S'il est déclaré en faillite ou s'il se trouve en état de déconfiture notoire;

C. S'il ne remplit pas ses obligations vis-à-vis de la Société, s'il n'affecte pas les fonds empruntés à l'emploi qui a été déterminé, s'il oblige la Société à recourir contre lui aux voies judiciaires.

L'associé qui n'accepterait pas la décision du Conseil d'administration pourra en appeler à l'Assemblée générale, qui statuera en dernier ressort. L'exclusion ne pourra être prononcée qu'à la majorité des deux tiers des membres présents.

L'acquisition ou la perte de la qualité d'associé est constatée, vis-à-vis de l'associé, de la Société et des tiers, par une inscription sur le registre des entrées et des sorties des associés, signée par l'associé, le directeur et un membre du Conseil d'administration, en cas d'entrée ou de démission, et par les deux derniers seulement, en cas d'exclusion ou de décès.

Art. 4. — L'associé a le droit :

1° De prendre part aux Assemblées générales avec voix délibérative;

2° De faire avec la Société toutes les opérations prévues par les statuts, autant que l'état de la Caisse et la solvabilité de l'associé le permettent.

Art. 5. — L'associé est, vis-à-vis des tiers, tenu sur tous ses biens des obligations de la Société. Entre les associés, les dettes de la Société se divisent par parts viriles. Mais chaque associé n'est tenu que des dettes antérieures à sa démission ou à son exclusion. Cette responsabilité est soumise à la prescription quinquennale établie par l'article 52 de la loi du 24 juillet 1867.

Art. 6. — Les associés ne peuvent engager la Société qui est représentée exclusivement par son administration, d'après les règles ci-après déterminées :

Art. 7. — Les organes de la Société se composent :

1° Du Conseil d'administration;

2° Du directeur;

3° Du Conseil de surveillance;

4° De l'Assemblée générale;

5° Du comptable.

DU CONSEIL D'ADMINISTRATION

Art. 8. — Le Conseil d'administration se compose de trois membres élus par l'Assemblée générale pour trois ans; il est renouvelable par tiers chaque année. Les deux premières années, le sort désigne le membre qui doit être soumis à réélection. Les membres du Conseil d'administration sont indéfiniment rééligibles.

En cas de décès, démission ou empêchement durable d'un membre du Conseil d'administration, le Conseil nomme un membre provisoire, qui restera en fonctions jusqu'à la plus prochaine Assemblée générale. Cette nomination doit être approuvée par le Conseil de surveillance.

Le Conseil d'administration choisit dans son sein le directeur qui préside ses délibérations, et le vice-directeur qui supplée le directeur en cas d'absence ou d'empêchement.

Le Conseil d'administration nomme et révoque le comptable, qui peut être pris dans son sein, s'il n'est pas rétribué.

Le Conseil d'administration se réunit au moins une fois par mois, et plus souvent si c'est nécessaire. Pour la validité de ses délibérations, il faut la présence de deux membres. En cas de partage, la voix du directeur est prépondérante.

Le Conseil d'administration a pour mission:

1° De recevoir les demandes d'emprunt et d'accorder les prêts selon les règles établies par l'Assemblée générale, après examen du but de l'emprunt et fixation du terme de remboursement; de donner son avis sur les demandes d'emprunt et les délais de remboursement dépassant le maximum fixé par l'Assemblée générale et prévu par l'art. 11, n° 3; de fixer le taux des prêts et des emprunts; de rédiger les titres de créances et toutes pièces qui se rapportent aux affaires de la Société; de surveiller l'emploi que l'emprunteur fait des sommes à lui prêtées;

2° De décider sur l'admission ou l'exclusion des membres;

3° De décider toutes dépenses ou recettes; de veiller à la rentrée des fonds empruntés;

4° De surveiller, de concert avec le directeur, la gestion du comptable, de vérifier la caisse tous les mois, et de faire faire inventaire tous les trois mois;

5° D'établir chaque année les comptes et le bilan;

6° D'autoriser le directeur à intenter une action en justice ou à y défendre; de l'autoriser à transiger sur toutes les affaires litigieuses, mais, dans ce cas, avec l'approbation du Conseil de surveillance.

DU DIRECTEUR

Art. 9. — Le directeur représente la Société vis-à-vis de tous. Néanmoins, sa signature n'oblige la Société qu'autant qu'elle est contresignée par un autre membre du Conseil d'administration.

Le directeur gère les affaires de la Société, et est chargé notamment:

1° De représenter la Société en justice ou dans tous actes extra-judiciaires;

2° De signer la correspondance de la Société;

3° De surveiller les opérations du comptable; de faire exécuter les décisions du Conseil d'administration relativement aux opérations de caisse; de vérifier la caisse tous les mois, et de faire dresser l'inventaire trimestriel;

4° De surveiller la tenue régulière du registre des entrées et sorties des sociétaires;

5° De présider les séances du Conseil d'administration ou de l'Assemblée générale, sauf dans le cas prévu à l'art. 11.

DU CONSEIL DE SURVEILLANCE

Art. 10. — Le Conseil de surveillance se compose de cinq membres élus pour deux ans par l'Assemblée générale. Chaque année, trois ou deux membres sont alternativement soumis à réélection. La première année, le sort désigne les deux membres sortants. Ils sont indéfiniment rééligibles.

Le Conseil de surveillance nomme chaque année, dans son sein, un président, un vice-président et un secrétaire.

Pour délibérer valablement, il faut au moins la présence de trois membres. Dans le cas où la présence de trois membres n'aurait pas été obtenue dans deux réunions successives, les membres absents sans excuse légitime seront considérés comme démissionnaires, et une Assemblée générale sera convoquée pour compléter le Conseil de surveillance.

Le Conseil de surveillance a pour mission:

1° De vérifier les écritures, la comptabilité et les opérations de la Caisse, et d'en faire un rapport écrit à l'Assemblée générale annuelle;

2° De statuer, en dernier ressort, sur la concession des prêts alloués au-dessus de la somme ou pour des échéances supérieures à celles fixées par l'Assemblée générale, conformément à l'art. 11, n° 3;

3° De statuer sur les demandes d'emprunts faites par les membres du Conseil d'administration et sur l'admission de ces mêmes membres comme caution;

4° D'approuver la décision du Conseil d'administration autorisant le directeur à transiger;

5° De procéder tous les trois mois à l'examen de la Caisse et de l'inventaire trimestriel, à la vérification de la solvabilité des emprunteurs et de leur caution, de la réalité du gage garantissant les emprunts, etc. Le Conseil de surveillance vérifiera notamment si l'argent prêté par la Caisse a été employé à l'usage indiqué par l'emprunteur. Dans le cas où cet argent aurait été détourné de sa destination première, ou si la solvabilité de l'emprunteur ou de la caution paraît avoir diminué, le Conseil de surveillance pourra ordonner le remboursement du prêt, immédiatement dans le premier cas, et dans le délai d'un mois, dans le second, malgré toutes stipulations contraires de l'acte de prêt.

Le Conseil de surveillance se réunit au moins tous les trois mois, après la confection de l'inventaire, et plus souvent si c'est nécessaire. Il est convoqué par son président, chaque fois que le président, le directeur, ou trois membres du Conseil de surveillance le jugent nécessaire.

DE L'ASSEMBLÉE GÉNÉRALE

ART. 11. — L'Assemblée générale se compose de tous les sociétaires, qui n'ont qu'une voix. Elle se réunit en session ordinaire tous les ans, après la confection de l'inventaire annuel. Des sessions extraordinaires ont lieu toutes les fois que le Conseil d'administration, le Conseil de surveillance ou un quart des associés le demandent. Les motifs de la convocation doivent, dans ces deux derniers cas, être présentés par écrit au directeur.

L'Assemblée générale est convoquée par le directeur. S'il se refusait à faire une convocation réclamée par le Conseil de surveillance, le président de ce Conseil pourrait procéder à cette convocation. Si le directeur et le président du Conseil de surveillance refusaient de convoquer l'Assemblée générale réclamée par un quart des sociétaires, ceux-ci pourraient donner mandat écrit à l'un d'entre eux pour procéder à cette convocation.

La convocation de l'Assemblée générale est faite, au moins huit jours à l'avance, par *un simple avis inséré dans le journal.....*,

Affiché à la porte de la mairie;

Affiché à la porte de l'église;

Publié à son de caisse (1).

Pour les Assemblées générales extraordinaires, l'avis mentionnera les objets portés à l'ordre du jour.

L'Assemblée générale est présidée par le directeur, sauf dans le cas où l'on doit délibérer sur l'approbation des comptes et de la gestion du Conseil de direction, et sauf aussi le cas où le directeur aurait refusé de convoquer l'Assemblée générale. Celle-ci élit alors son président.

L'Assemblée générale ordinaire ou extraordinaire ne délibère valablement qu'en présence d'un quart des sociétaires. Si le *quorum* n'est pas atteint, on convoque une nouvelle

(1) La Caisse rurale doit se contenter *d'un seul* de ces modes de publicité. Il faudra donc rayer des statuts les mentions relatives aux moyens de publicité qu'on aura rejetés.

Assemblée générale dans le délai de huit jours; elle délibère valablement, quel que soit le nombre des membres présents.

Les membres personnellement intéressés dans une discussion ne prennent pas part au vote.

Les décisions sont prises à la majorité des membres présents, sauf ce qui est dit aux art. 3, 11 § 5, 20 et 21. En cas de partage, la voix du président est prépondérante.

Dans la réunion ordinaire annuelle qui a lieu dans le courant du mois de février après la confection de l'inventaire annuel et du bilan, l'Assemblée générale procède aux opérations suivantes:

1° Elle élit des membres du Conseil d'administration et du Conseil de surveillance en remplacement des membres sortants, démissionnaires ou décédés. Les membres qui remplacent les démissionnaires ou les décédés ne sont nommés que pour le temps qui restait à courir pour leur prédécesseur.

Au premier tour de scrutin, la majorité absolue est nécessaire. Au second tour de scrutin, la majorité relative suffit. En cas de partage, le sort décide.

Les élections en remplacement de membres démissionnaires ou décédés peuvent se faire dans n'importe quelle session.

2° L'Assemblée générale ordinaire reçoit les comptes et bilans et le rapport du Conseil de surveillance, et, s'il y a lieu, approuve la gestion du directeur et du comptable et leur donne décharge.

Les comptes et bilans et le rapport du Conseil de surveillance devront être à la disposition des sociétaires, au siège social, au moins huit jours avant l'Assemblée générale.

3° L'Assemblée générale détermine le chiffre maximum que ne devront pas dépasser les emprunts et engagements de la Société. Elle détermine aussi le maximum des prêts que le Conseil d'administration pourra accorder à l'un quelconque des sociétaires. Elle détermine, s'il y a lieu, un autre maximum que ne pourra dépasser le Conseil d'administration, même autorisé par le Conseil de surveillance, conformément aux art. 8 et 10. A défaut de décision spéciale à ce sujet, le Conseil de surveillance pourra autoriser des prêts sans autres limites que celles fixées pour le total des engagements de la Caisse.

4° L'Assemblée générale fixe, s'il y a lieu, la rétribution à allouer au comptable.

5° Elle décide, en dernier ressort, de l'admission ou de l'exclusion de certains membres, dans les cas où ceux-ci auraient fait appel des décisions du Conseil d'administration. L'exclusion ne peut être prononcée qu'à la majorité des deux tiers des membres présents, conformément à l'art. 3 des présents statuts.

Les assemblées générales extraordinaires peuvent délibérer aussi sur des objets visés aux n°s 3, 4 et 5.

L'Assemblée vote, en général, à mains levées, avec contre-épreuve. Mais le scrutin secret est de rigueur quand il s'agit d'élection, ou quand un quart de l'Assemblée le demande.

DU COMPTABLE

Art. 12. — Le comptable est nommé et révoqué par le Conseil d'administration. Il peut être choisi dans le sein de ce Conseil, s'il n'est pas rétribué. S'il reçoit une rétribution, il ne peut faire partie d'aucun Conseil, mais il peut seulement assister aux séances de l'un ou l'autre Conseil, sur convocation du directeur ou du président, avec voix consultative.

Le comptable est le chargé d'affaires de la Société, et comme tel, il a le devoir :

1° D'exécuter les décisions du Conseil d'administration, en ce qui concerne la gestion de la Caisse; d'effectuer les recettes et dépenses conformément à ces décisions, de tenir les livres, de garder en dépôt les titres, les actes, et le numéraire en caisse.

2° De tenir la comptabilité, le registre des entrées et sorties des sociétaires, d'établir les comptes mensuels, les inventaires trimestriels et le bilan annuel.

Le comptable est tenu à fournir une ou plusieurs cautions ou à déposer un cautionnement, s'il n'en est dispensé par le Conseil de surveillance, après avis conforme du Conseil d'administration. La fixation du cautionnement ou l'acceptation des cautions, si le comptable n'en est dispensé, appartiennent au Conseil de surveillance.

Dans le cas où le comptable n'est pas rétribué, il peut lui être adjoint un secrétaire rétribué, chargé du travail matériel des écritures. Ce secrétaire rétribué ne peut, en aucun cas, avoir la garde des effets ou valeurs, ni le maniement de l'argent. Il opère sous le contrôle et la responsabilité du comptable.

Dispositions générales.

Art. 13. — Les membres des Conseils exercent leurs fonctions gratuitement et ne peuvent réclamer que le remboursement des dépenses faites pour le compte de la Société.

Le comptable ou son secrétaire peuvent seuls recevoir, s'il y a lieu, une rétribution en rapport avec leurs services. Cette rétribution est fixée par l'Assemblée générale. Elle doit être exprimée comme somme fixe et non comme tantième.

Art. 14. — Les associés ne possèdent pas d'actions, ne font aucun versement, et ne reçoivent pas de dividende. Le capital social se compose exclusivement de la réserve qui est constituée par l'accumulation de tous les bénéfices réalisés par la Caisse sur ses opérations. Les associés n'ont aucun droit sur cette réserve qui ne peut jamais être répartie entre eux, même en cas de dissolution de la Société. Quand la réserve atteint un capital suffisant pour tous les besoins de la Caisse, sans qu'il soit nécessaire de recourir à des capitaux empruntés, le surplus est affecté par décision de l'Assemblée générale à une œuvre d'utilité publique.

Art. 15. — La Société se procure les capitaux nécessaires à son fonctionnement, en recevant des dépôts à échéance ou à vue, soit de ses membres, soit d'étrangers. Elle peut aussi faire réescompter les valeurs bancables qu'elle posséderait dans son portefeuille.

Art. 16. — Elle prête des capitaux à ses seuls membres, à l'exclusion de tous autres, mais seulement en vue d'un usage déterminé et jugé utile par le Conseil d'administration qui est tenu d'en surveiller l'emploi. Tout emprunteur qui affecterait les fonds empruntés à un usage autre que celui en vue duquel le prêt a été consenti, est déchu du bénéfice du terme, obligé à rembourser immédiatement la somme à la Caisse, et exclu de la Société.

La Société se fait souscrire, en échange du prêt, soit un billet à ordre, soit une obligation civile, soit une obligation hypothécaire.

Art. 17. — Le Conseil d'administration ne peut consentir des prêts supérieurs à la somme fixée par l'Assemblée générale.

Si, dans certains cas exceptionnels, un membre de la Société voulait emprunter une somme supérieure, le Conseil de surveillance devrait statuer en dernier ressort, après avis favorable du Conseil d'administration. Si l'Assemblée générale a fixé une limite au Conseil de surveillance, conformément à l'art. 11, n° 3, le Conseil de surveillance ne pourra dépasser cette limite.

ART. 18. — Les prêts sur billets à ordre peuvent être consentis à l'échéance maxima de trois mois ; ils peuvent être renouvelés pour une seconde période de trois mois. Les prêts sur obligation civile ou hypothécaire peuvent être consentis pour une durée maxima de cinq ans. Dans le cas où le terme excéderait une année, le prêt doit être remboursé par payements fractionnés au moins annuels : l'obligation doit indiquer les diverses échéances qui correspondront aux époques où l'emprunteur réalise normalement ses principales recettes par la vente de ses récoltes ou de ses autres produits.

ART. 19. — Quelle que soit la solvabilité de l'emprunteur, aucun prêt ne peut être consenti sans bonnes garanties : caution, gage ou hypothèque.

ART. 20. — Les présents statuts ne pourront être modifiés que sur la proposition du Conseil d'administration, et par une Assemblée générale extraordinaire. La modification des statuts ne pourra être votée qu'à la majorité des deux tiers des membres présents.

Dans tous les cas, il ne pourra être dérogé aux dispositions des art. 13, 14 et 21 qui interdisent la rémunération des membres du Conseil d'administration et du Conseil de surveillance, la distribution de dividende, et le partage de tout ou partie de la réserve entre les associés.

ART. 21. — La Société est fondée pour un temps illimité. En cas de dissolution, sa réserve n'est point répartie entre les associés, mais est affectée à une œuvre d'utilité générale que désignera l'Assemblée générale qui prononcera la dissolution.

La dissolution ne peut être prononcée que par l'Assemblée générale extraordinaire, réunie et statuant dans les conditions établies par l'article précédent.

Si sept membres au moins déclarent s'opposer à la dissolution de la Société et vouloir continuer ses opérations, la dissolution ne pourra être prononcée, la réserve et la comptabilité seront remises à ces associés, les autres ayant seulement le droit de se retirer, conformément à l'art. 3 des présents statuts.

Les membres qui veulent s'opposer à la dissolution de la Société devront en faire la déclaration à l'Assemblée générale qui prononcera cette dissolution, ou notifier leur résolution, par acte d'huissier, au directeur de la Société, dans les deux mois qui suivront la résolution de dissolution. Passé ce délai, ils seront déchus de leur droit d'opposition, et la réserve pourra être versée à l'œuvre d'utilité générale désignée par la dernière Assemblée générale.

IV. — Prêts aux sociétaires.

C'est un *principe absolu* des Caisses rurales, de n'accorder du crédit qu'aux sociétaires.

Mais la Caisse n'accorde des prêts que dans des conditions rigoureusement déterminées.

A. La Caisse n'accorde des prêts que pour un *usage déterminé, jugé utile par le Conseil d'administration*. Sinon, elle faciliterait l'endettement et la ruine de ses sociétaires.

L'emprunteur doit donc indiquer l'emploi qu'il veut faire de l'argent qu'il demande.

Si cet emploi doit l'enrichir, le prêt pourra être accordé; par exemple, si l'argent emprunté doit être employé en achat de bétail de travail, nécessaire à la culture, et que, à défaut de prêt, l'emprunteur serait obligé de se procurer par un achat à crédit, à conditions onéreuses, chez un marchand de bétail ;

Si l'argent emprunté doit être employé en achat d'engrais, de semences, de plants de vignes, etc., qui augmenteront ses récoltes futures ;

Si l'argent emprunté doit être employé à la construction d'une fosse à purin, pour éviter la perte *ruineuse* des principes fertilisants du fumier de ferme, etc.

Si l'emploi indiqué par l'emprunteur doit l'appauvrir, le prêt lui sera refusé : par exemple, si l'emprunteur se propose d'acheter une terre qui lui rapportera un intérêt de 3 0/0, alors que le capital emprunté lui coûtera 5 0/0 ;

S'il se propose de mieux se nourrir, d'habiller sa femme et ses enfants avec plus d'élégance, en escomptant ses récoltes futures pour éteindre sa dette, etc.

En un mot, la Caisse rurale prête en vue d'un emploi productif qui améliore la situation de l'emprunteur, et qui lui permettra de rembourser à l'échéance. Elle ne prête jamais pour un emploi de consommation, alors même que l'emprunteur aurait une fortune cent fois suffisante pour garantir sa dette.

Le Conseil d'administration est rigoureusement tenu d'examiner l'utilité de l'emploi indiqué par l'emprunteur, et de surveiller cet emploi, pour empêcher l'emprunteur de dépenser la somme empruntée autrement qu'il n'a été convenu.

B. Le Conseil d'administration, après s'être rendu compte de l'utilité de l'emprunt demandé, doit examiner sérieusement la solvabilité de l'emprunteur. Il pourra, pour cela, demander des renseignements aux autres associés qui, étant responsables solidairement des engagements de la Caisse, auront soin d'empêcher qu'elle ne fasse un prêt dangereux et risqué.

Le Conseil d'administration devra examiner surtout :

1° Si l'emprunteur est un homme laborieux, économe, rangé, et s'il fait ses affaires;

2° Si l'emprunt demandé n'est pas trop considérable pour l'exploitation agricole de l'emprunteur;

3° Si l'emprunteur a une solvabilité suffisante pour garantir la Caisse.

C. Quelle que soit la fortune d'un sociétaire, la Caisse ne doit lui prêter qu'autant qu'il donne une garantie autre que sa promesse et sa signature.

Cette garantie peut être de trois espèces :

1° *Le gage :* mais la loi ne reconnaît la validité du gage qu'autant que l'objet engagé est entre les mains du créancier. — Il faudrait donc que la Caisse gardât l'objet que l'emprunteur donnerait en gage.

Si c'est du bétail de travail ou des instruments agricoles, l'emprunteur ne peut s'en dessaisir sans se mettre dans l'impossibilité de cultiver.

S'il s'agit de récoltes en grange, l'emprunteur ferait mieux de les vendre que de les mettre en gage.

Le gage est donc rarement pratique. De plus, l'article 411 du Code pénal punit de peines correctionnelles la personne qui aurait établi, sans autorisation, des maisons de prêts sur gage. Pour éviter l'application de cet article, il faut donc ne reçourir à la garantie du gage qu'à titre exceptionnel.

2° *L'hypothèque :* c'est une bonne garantie, mais tout le monde ne peut pas la donner : il faut être propriétaire. Un fermier, un locataire, ne peuvent le faire.

Du reste, l'hypothèque ne peut être constituée que par acte notarié qui coûte cher. S'il ne s'agit pas d'un emprunt à très longue échéance, huit ou dix ans au moins, les frais d'hypothèque et de main levée grèveraient trop lourdement l'emprunteur.

3° *La caution :* c'est la garantie normale des prêts des Caisses rurales.

La caution est une personne qui s'oblige à payer une dette, si le débiteur ne paye pas à l'échéance.

La Caisse rurale demandera donc à l'emprunteur de lui donner la garantie d'un voisin ou d'un ami, qui répondra du payement de la dette.

Un bon cultivateur, laborieux, économe, honnête, trouvera toujours quelqu'un qui consentira à le cautionner. Si l'emprunteur ne trouve pas un répondant, c'est qu'il n'inspire pas confiance à ses voisins : la Caisse rurale ne peut pas être moins prudente qu'eux.

D. Enfin, le Conseil d'administration, avant d'accorder le prêt, doit convenir de l'époque du remboursement.

Dans la fixation de l'échéance ou des échéances successives, il doit être très large, et donner toutes facilités à l'emprunteur. Mais les termes une fois fixés, il doit exiger *très sévèrement* le payement au jour dit. Ce n'est que *dans des cas tout à fait exceptionnels,* tels que grêle enlevant la presque totalité de la récolte, maladie emportant une grande partie du bétail, etc., que les échéances peuvent être prolongées.

Quand l'emprunt a pour but un emploi qui permet de réaliser le capital dans l'année (par exemple, achat de semences, qui seront retrouvées à la récolte, etc.), le remboursement devra se faire au moment de la réalisation du produit. Par exemple, s'il s'agit d'une récolte de blé, l'échéance pourra être fixée à la fin du mois de septembre, époque où les battaisons sont terminées, et où l'emprunteur aura pu vendre une partie de sa récolte. S'il s'agit de vin, l'échéance pourra être fixée au mois de novembre, etc.

Quand l'emprunt a pour but un emploi qui ne permet pas au capital de se réaliser aussi vite, par exemple, achat de bête de travail, dont le prix ne sera recouvré que par leur travail pendant plusieurs années, ou bien, construction de fosses à purin, dont le prix sera amorti par les économies d'engrais de plusieurs années, etc., le Conseil d'administration fixera, d'accord avec l'emprunteur, les diverses échéances de remboursement, en les faisant coïncider avec les époques où l'emprunteur réalise ses principales recettes : de la sorte, l'emprunteur sera contraint d'opérer sur chacune de ces recettes une petite économie qui amortira sa dette.

Il est impossible d'établir un plan d'amortissement qui convienne à tout le monde : cela dépend des habitudes de chaque pays et de la nature de ses récoltes. Voici, à titre d'exemple, un plan d'amortissement.

Le 1er octobre 1893, A... emprunte 400 francs à 5 0/0 pour compléter le prix d'une paire de bœufs.

Il est convenu qu'il payera sur le capital, et, en outre des intérêts échus à ce moment :

1° **60 francs** au 1er mai 1894, époque où il vendra ses petits porcs.

2° **120 francs** au 1er octobre, époque où il aura vendu son blé.

3° **60 francs** au 1er mai 1895 (petits porcs).

4° **120 francs** au 1er octobre (blé).

Et ainsi de suite, jusqu'à complet remboursement de la Caisse rurale.

V. — Ressources de la Caisse rurale.

A. Pour prêter de l'argent, il faut en avoir. Or, la Caisse rurale se fonde sans capital. Ce n'est qu'à la longue qu'elle arrive à avoir une réserve de quelque importance.

Néanmoins, le danger, pour la Caisse rurale, n'est pas de manquer d'argent, mais d'en avoir trop.

Quand un certain nombre d'agriculteurs laborieux, économes, l'élite d'une commune, souvent dépourvus d'argent monnayé, mais possédant chacun une petite fortune en terre, en bétail, en instruments agricoles, se réunissent pour garantir solidairement la dette de la Caisse rurale;

Quand on sait que l'argent de cette Caisse est employé sur place, sous les yeux des associés, à un usage productif et contrôlé ;

Il est impossible de ne pas considérer cette Caisse rurale comme un placement de tout repos ;

Plus sûr que la Rente française, dont les coupons seront toujours payés, mais dont le prix peut baisser, de sorte que, si l'on est certain de ne pas perdre son revenu, on n'est pas sûr de ne pas perdre une partie de son capital ;

Plus sûr que la Caisse d'épargne, que ses règlements autorisent à ne rembourser les dépôts à vue que par fractions lentement échelonnées.

Or, la Rente française rapporte 3,10 0/0 d'intérêts.

La Caisse d'épargne paye 3 0/0 d'intérêts.

Si la Caisse rurale veut bien payer 3,50 0/0, elle constituera un placement plus sûr et mieux rémunéré que la Rente française et la Caisse d'épargne.

Dans tous les pays où les Caisses rurales fonctionnent, elles refusent l'argent qu'on leur apporte : elles en ont trop.

B. La difficulté, pour la Caisse rurale, n'est donc pas d'attirer les capitaux, mais de faire valoir ceux qu'elle a reçus.

En effet, les prêteurs, qui seront enchantés de lui confier des fonds, ne seront pas disposés à se laisser rembourser à tout instant. Si, aujourd'hui, 1er septembre, la Caisse reçoit un remboursement de **1000** francs : si elle n'en a pas l'emploi avant le 1er novembre, elle ne pourra pas rendre cette somme aux prêteurs en les priant de la lui prêter à nouveau le 1er novembre. Aucun capitaliste n'accepterait ces conditions.

Il faut donc que la Caisse rurale s'arrange ponr avoir en dépôt le capital moyen dont elle a besoin, et pour en retirer un bénéfice suffisant pour payer les intérêts des prêteurs et constituer sa réserve.

C. Quand la Caisse rurale se sera développée, quand la grande majorité des agriculteurs sérieux de la commune en fera partie, les opérations de la Caisse seront plus nombreuses et plus variées : les besoins des uns concorderont mieux avec les remboursements des autres : la difficulté sera donc moindre.

Mais, au début, comment devra-t-on faire?

Tout d'abord, il faut poser en principe que la Caisse rurale n'est pas une banque, qu'elle ne peut fonctionner avec la précision d'une banque, qu'elle doit se résigner, par conséquent, à laisser dormir quelques capitaux dans sa caisse. Il en résultera une perte pour elle.

Cette perte doit être couverte, et au delà, par la différence du taux de l'intérêt qu'elle sert à ses prêteurs et de celui qu'elle exige des emprunteurs. Cette différence doit être au moins de **1 0/0**.

Supposons une Caisse rurale ayant **10 000** francs de dépôts; elle paye aux déposants **3 1/2 0/0**, soit 350 francs.

Sur ces **10 000** francs, la moitié est prêtée à des agriculteurs pour un délai de plusieurs années, à **4 1/2 0/0**, soit 225 francs.

Les autres 5000 francs sont prêtés à des agriculteurs pour huit à dix mois, à **4 1/2 0/0**; ils restent donc improductifs en moyenne pendant trois mois : néanmoins, pendant les neuf mois pendant lesquels ils sont placés, ils produisent une somme de **158** fr. 75.

Ainsi, malgré l'immobilisation pendant trois mois de la moitié des capitaux, la Caisse rurale a encaissé 225 + 158 francs, au total **383** francs, alors qu'elle ne doit que 350 francs à ses déposants. Elle réalise donc un bénéfice de **33** francs.

Si l'immobilisation des capitaux devait être plus considérable (ce qui serait extraordinaire), il y aurait lieu d'augmenter l'écart entre le taux des emprunts et celui des prêts.

L'agriculteur peut, en effet, payer, sans inconvénient pour lui, un intérêt de 5 0/0. Aujourd'hui, il ne trouve guère de prêteurs à un taux inférieur : et, s'il s'adresse au marchand de bétail pour acheter à crédit, l'opération est bien plus onéreuse, puisque le prix de vente est toujours majoré. Il va sans dire que le bétail donné en cheptel revient encore plus cher.

D. La Caisse rurale n'a donc pas intérêt à fixer des échéances trop courtes. Les prêts les plus avantageux pour elle sont ceux qui durent au moins une année complète, et même davantage.

Néanmoins, elle doit encourager l'emprunteur à se libérer le plus vite possible, pour ne pas avoir à payer trop longtemps l'intérêt de son emprunt. La Caisse rurale doit faire passer l'avantage de ses sociétaires avant le sien propre.

Mais, de toute manière, les prêts à échéance de plus d'une année absorberont une partie des capitaux.

L'argent qui sera remboursé par quelques-uns des emprunteurs sera demandé par d'autres.

Il n'y a donc à prévoir que des immobilisations temporaires dans la Caisse sociale. La perte en résultant sera couverte par la différence des taux des prêts et emprunts.

Pour diminuer encore cette perte, le Conseil d'administration agira sagement en déposant les capitaux inutilisés à la Caisse d'épargne postale. Les dépôts à la Caisse d'épargne peuvent être retirés en tout temps, et restent ainsi à la disposition du Conseil d'administration, pour le cas où il aurait à faire un nouveau prêt.

E. Le Conseil d'administration peut donc, grâce à l'écart de **1 0/0** ou de **1 1/2 0/0**, entre le taux des dépôts et le taux des prêts, grâce aussi aux facilités que peut lui donner la Caisse d'épargne, équilibrer le budget de la Caisse, et même obtenir un bénéfice au profit de la réserve.

Il faut remarquer que la réserve joue un double rôle dans la Caisse rurale.

D'une part, elle couvre les pertes dans le cas où un prêt deviendrait irrécouvrable.

D'autre part, elle forme un capital qui ne coûte pas d'intérêts, et qui peut rester improductif sans grands inconvénients : de sorte que, lorsque la réserve égale le capital dormant dans la Caisse, toutes les difficultés se trouvent aplanies.

On ne saurait donc trop recommander aux Caisses rurales de viser à se constituer rapidement une réserve de quelque importance. Pour cela, il faut :

1° Éviter autant que possible les immobilisations dans la Caisse;

2° Adopter un écart aussi grand que possible entre le taux des dépôts et celui des prêts. L'écart de **1** 0/0 est un minimum, il vaudrait mieux adopter celui de **1 1/2** 0/0, surtout là où on aura pu se procurer des dépôts à **3 1/2** 0/0.

F. Enfin, surtout au début, il importe de n'accepter que les dépôts qu'on pourra utiliser. Il vaut mieux s'exposer à refuser quelques prêts, que s'exposer à avoir trop de capitaux dormants. Du reste, quand on voudra faire un prêt nouveau, on trouvera toujours l'argent nécessaire.

Le principe essentiel, que ne doivent jamais perdre de vue les Conseils d'administration, c'est qu'ils ne doivent *jamais* accepter des dépôts dont ils n'auraient pas l'emploi.

VI. — Livres, comptabilité, bilans, inventaires.

A. La Caisse rurale est une Société civile; elle n'est donc pas soumise aux dispositions des art. 8 à 17 du Code de Commerce, relatifs aux livres de commerce.

Néanmoins, elle ne peut vivre et fonctionner, sans tenir une comptabilité régulière, et certains registres spéciaux.

Cette comptabilité doit être très simple pour pouvoir être tenue par des hommes qui n'ont aucune connaissance technique.

Voici les règles qu'ils devront suivre exactement, pour tenir la comptabilité en ordre, et pour pouvoir vérifier facilement son exactitude.

B. LIVRE DES ENTRÉES ET SORTIES DES SOCIÉTAIRES

La Caisse rurale est une *Société à capital variable,* c'est-à-dire que, chaque jour, de nouveaux sociétaires peuvent être admis, et les sociétaires antérieurement admis peuvent donner leur démission ou être exclus.

Ces admissions, démissions et exclusions ne nécessitent pas un contrat spécial, qui serait soumis au timbre et à l'enregistrement. Néanmoins, il faut que l'entrée et la sortie des sociétaires puisse être prouvée juridiquement, puisque, de leur entrée ou de leur sortie, dépend la responsabilité solidaire qui pèse sur eux.

Il faut donc qu'ils donnent une signature sur un registre spécial; cette signature, précédée de la mention d'adhésion ou de sortie, fait preuve complète vis-à-vis du sociétaire, de la Société et des tiers.

Vis-à-vis du sociétaire, sa signature fait preuve complète.

Vis-à-vis de la Société, la mention d'adhésion ou de sortie fait preuve complète: en effet, cette mention est contresignée par l'administration de la Société, qui la représente légalement.

Vis-à-vis des tiers, la mention d'adhésion fait foi, puisque les tiers n'ont jamais intérêt à la contester; ils ont intérêt à prouver qu'une personne est solidairement responsable des obligations de la Caisse, mais ils n'ont pas intérêt à prouver qu'une personne échappe à cette responsabilité.

Vis-à-vis des tiers, la mention de sortie fait foi, parce que le tiers, ne pouvant prouver que la personne dont il s'agit a été sociétaire, qu'en invoquant le *registre d'entrées et de sorties,* ne peut récuser l'affirmation de ce registre relative à la même personne. La communication du registre d'une *Société civile* étant purement facultative de la part de la Société, équivaut à un aveu; l'aveu ne pouvant être divisé, le tiers doit accepter ou rejeter en bloc toutes les mentions du registre.

Ainsi, il peut dénier toute foi au registre, mais alors il ne peut prouver que le membre démissionnaire a été réellement membre de la Société. Ou bien il peut invoquer la mention d'adhésion du registre, mais il est alors obligé d'accepter la véracité de la mention de sortie, telle qu'elle est faite, et avec sa date.

Pour que le nouvel associé soit engagé régulièrement vis-à-vis de la Société et des tiers, il faut sa signature; s'il ne sait pas signer, *il serait imprudent* de contenter de sa *croix* ou de l'apposition d'un autre signe; il faudrait exiger la signature d'un mandataire porteur d'une procuration *spéciale* et *authentique* (passée par-devant notaire).

En cas de sortie d'un associé, il est désirable qu'il signe la mention de sortie : mais ce n'est pas nécessaire; il serait, du reste, difficile d'obtenir sa signature, s'il était *exclu* de la Société; ce serait impossible, s'il était mort. Dans ces cas, la mention peut être signée seulement par le directeur et l'un des membres du Conseil d'administration.

Ces deux signatures sont indispensables *dans tous les cas,* qu'il s'agisse d'entrées ou de sorties. Toute mention non approuvée par eux serait sans valeur à l'égard de la Société.

Toutes les mentions d'entrée ou de sortie doivent être inscrites par ordre de dates, et sans blancs ni interlignes. Si le registre n'était pas tenu régulièrement, si des intercalations pouvaient s'y reconnaître, il n'aurait plus d'autorité à l'égard des tiers.

Le registre d'entrées et de sorties (voyez MODÈLE N° 1) est divisé en trois colonnes : la première, à gauche, contient un numéro d'ordre. La seconde, les mentions d'entrées, de démissions ou d'exclusions, avec les signatures : c'est la seule qui fasse preuve; toutes les mentions doivent être datées et signées. La troisième colonne contient, à titre de renseignements, la date du décès de l'associé, ou l'indication de la cause de sa sortie (démission, départ, exclusion) avec renvoi au numéro d'ordre où cette sortie est mentionnée.

Par exemple, au n° 3 du modèle : dans la première colonne, se trouve le numéro d'ordre; dans la seconde, l'adhésion, avec la date, la signature du sociétaire et celle du directeur et d'un membre du Conseil d'administration; dans la troisième colonne, l'indication de sa démission et le renvoi au n° 5, où cette démission est mentionnée avec les signatures requises.

L'indication de la démission, dans la troisième colonne, en face de l'acte d'adhésion, ne serait pas suffisante, alors même qu'elle serait accompagnée des signatures nécessaires; en effet, elle pourrait être faite à toute époque, sans que rien établît sa date. Elle doit être inscrite à son rang dans la deuxième colonne, pour que le registre prouve qu'elle a bien été faite après la précédente inscription et avant la suivante. La troisième colonne ne sert donc qu'à renvoyer au numéro du registre qui indique la sortie de l'associé.

En cas de décès d'un associé, il faut indiquer la date du décès dans la troisième colonne; mais il est inutile de le mentionner à son rang dans la deuxième colonne; le décès est prouvé par les registres de la mairie, la Société n'a donc pas à en garder la preuve.

C. LIVRE DE CAISSE

Le livre de Caisse ou livre-journal est la base de toute la comptabilité : avec lui, on peut reconstituer tous les autres livres, ou corriger leurs erreurs. Il est donc absolument indispensable de le tenir très exactement à jour, et d'y inscrire *sur-le-champ, sans une minute de retard,* toutes les opérations qui auront été faites par la Caisse.

Toutes les opérations doivent être inscrites *par ordre de date,* à mesure qu'elles sont faites.

Voici les indications pratiques pour la tenue de ce registre. (Voyez MODÈLE N° 2.)

Dans la première colonne, à gauche, est inscrite la date de l'opération.

Dans la seconde colonne, à gauche, est inscrite la page du *Grand Livre* où cette opération est reportée. Il n'est pas nécessaire de reporter *de suite* les opérations sur le Grand Livre; le comptable peut prendre son temps pour mettre le Grand Livre à jour; dans ce cas, il laisse en blanc la seconde colonne du Livre de

Caisse, et il n'y inscrit la page correspondante du Grand Livre que lorsqu'il a reporté l'opération sur celui-ci.

La troisième colonne reçoit la mention de l'opération ; les recettes et les dépenses s'inscrivent à la suite, sans distinction, et d'après leurs dates.

Dans la quatrième colonne, on inscrit le chiffre des sommes reçues par la Caisse. Elle est divisée en deux petites colonnes pour séparer les francs des centimes.

La cinquième colonne reçoit l'inscription des sommes payées par la caisse. Elle est divisée comme la précédente.

Pour vérifier l'argent en caisse, on additionne séparément les sommes reçues et les sommes payées. On soustrait les sommes payées des sommes reçues. La différence représente l'argent que le comptable doit avoir dans sa caisse.

Chaque fois que le directeur, le Conseil d'administration ou le Conseil de surveillance contrôleront la Caisse, ils en feront mention sur le Livre de Caisse, en se conformant à la formule indiquée sur le modèle n° 2.

Quand les additions des deux colonnes ont été faites pour une vérification de Caisse, ces additions forment le premier chiffre des additions suivantes ; on ne tient plus compte des chiffres qui précèdent ces additions, et qui se trouvent compris et résumés par elles.

D. GRAND LIVRE

Le *Grand Livre* est un registre où sont établis les comptes de toutes les personnes qui font des affaires avec la Caisse rurale. Il faut qu'à tout moment ce livre indique la situation exacte de chaque compte; il faut que toute personne, même étrangère à toute notion de comptabilité, puisse comprendre la comptabilité de la Caisse rurale; enfin, il faut que toute personne connaissant les quatre règles d'arithmétique soit en état de tenir ce registre et de remplir les fonctions de comptable.

C'est pour répondre à ces exigences multiples, que le modèle de comptabilité, expliqué ci-après, a été établi. *Voici d'abord les règles à suivre pour tenir le Grand Livre ; ensuite seront expliquées, pour les personnes qui ne les connaîtraient pas, les règles à suivre pour faire les calculs d'intérêts.*

Le Grand Livre est un registre où sont établis les comptes individuels. Toute personne faisant des affaires avec la Caisse rurale, soit comme prêteur, soit comme emprunteur, doit avoir son compte séparé. Une page du registre est consacrée à chaque compte. On inscrit, en tête de la page, le nom de la personne à qui le compte est ouvert.

La première colonne de gauche contient les dates des différentes opérations portées au compte. La seconde colonne indique la page du livre de Caisse où est notée cette opération. La troisième colonne contient l'énoncé et l'opération. La quatrième colonne (divisée par un trait pour séparer les francs des centimes) contient les chiffres des comptes débiteurs, c'est-à-dire des comptes que la personne nommée en haut de la page *doit à la Caisse*. La cinquième colonne contient les chiffres des comptes créanciers, c'est-à-dire des comptes dont la personne nommée en haut de la page est *créancière de la Caisse*.

Pour éviter les complications qu'entraîneraient les comptes d'intérêts sur des sommes versées à diverses époques, et ayant fructifié pendant des délais différents — pour que le Grand Livre permette de se rendre compte, à tout instant, de la situation de chacun, — il faut que, chaque fois qu'une opération nouvelle (emprunt, dépôt, payement d'intérêts ou d'acompte) est faite, le compte soit réglé à nouveau.

Qu'on prenne, pour exemple, le compte de M. A. Godin. (MODÈLE N° 3.)

Le 1er juillet 1893, Godin emprunte 600 francs. Cette somme est portée dans la colonne *Doit* puisque c'est lui qui doit à la Caisse rurale. Le versement de cette somme est noté à la page 2 du Livre de Caisse ; on inscrit le n° 2 dans la seconde colonne.

Le 19 novembre, Godin paye 150 francs pour les intérêts et en acompte de sa dette. Avant de noter ce payement, il faut savoir ce qu'il doit.

Il doit 600 francs de capital.

Il doit, en outre, l'intérêt à 5 0/0 de 600 francs du 1er juillet au 19 novembre, soit 139 jours. On fait le calcul ; on trouve que cet intérêt est de 11 fr. 60. On inscrit cette somme au-dessous du capital.

On additionne : le total, 611 fr. 60, représente ce que Godin doit, le 19 novembre, avant d'avoir payé son acompte.

En face de ces mentions, on n'inscrit rien dans la colonne relative au livre de Caisse, parce que ces intérêts ne figurent pas dans le livre de Caisse.

Mais on inscrit le payement de 150 francs, en notant, dans la colonne relative au livre de Caisse, la page de ce livre où est mentionné ce payement, car le comptable a dû inscrire sur le livre de Caisse les 150 francs qu'il a reçus.

Sur le Grand Livre, les 150 francs, payés par Godin, sont inscrits, non dans la colonne *Avoir*, mais dans la colonne *Doit*, parce que son compte est toujours débiteur. Seulement, ces 150 francs venant en diminution de sa dette, on les soustrait des 611 fr. 60 qu'il devait. Le reste de la soustraction, soit 461 fr. 60, représente le total de sa dette, le 19 novembre, après le payement de l'acompte de 150 francs.

En face de ce reste, on inscrit donc la mention « *A nouveau* » qui indique que toutes les opérations antérieures, et tous les intérêts échus sont réglés, et que Godin doit seulement cette somme à cette date.

Le 31 décembre, Godin ne paye rien, mais la Caisse doit faire inventaire ; il faut donc régler tous les comptes ; on fait le calcul d'intérêt du 19 novembre au 31 décembre. On additionne : le total indique la dette de Godin au 31 décembre ; on inscrit en face la mention : « *A nouveau.* »

Le 10 mai, Godin paye un nouvel acompte ; on procède comme on l'a fait le 19 novembre : on calcule les intérêts échus ; on les additionne au capital. On soustrait la somme qu'il a versée, et le reste indique sa dette à ce jour ; on inscrit la mention : « *A nouveau.* »

Le 30 juin, on fait le calcul d'intérêt pour l'inventaire, etc.

Le 7 septembre, Godin verse 300 francs. On procède comme auparavant ; calcul d'intérêts ;

addition au capital; inscription de 300 francs versés; *mais on ne peut faire la soustraction*, parce que la somme à soustraire serait plus grande que celle dont on devrait la soustraire.

Cela prouve que Godin a versé plus qu'il ne devait. Il a donc payé sa dette, et, en outre, il a fait un prêt à la Caisse : il est devenu son créancier. Il faut alors soustraire la plus petite somme de la plus grande, et porter le reste dans la colonne « *Avoir* ». Le compte est devenu créancier.

On continue à faire les comptes de la même manière : *mais il ne faut pas oublier que* LE TAUX DE L'INTÉRÊT N'EST PLUS LE MÊME. La Caisse prête, par exemple, à 5 0/0, et emprunte à 3 1/2 0/0. Tant que le compte sera créancier, il faudra donc calculer les intérêts d'après ce taux.

Quand Godin retirera de la Caisse plus d'argent que la Caisse ne lui doit, par exemple, le 18 juillet 1895, la Caisse lui doit 128 fr. 35, et il retire 400 francs; il n'est plus un créancier qui retire ses dépôts, il devient emprunteur. Il faut donc une décision du Conseil d'administration pour l'autoriser à le faire. Le comptable s'aperçoit que le compte change de colonne, puisqu'il ne peut pas le régler par *la soustraction du dernier nombre*. Il est, au contraire, obligé de soustraire l'avant-dernier nombre du dernier : le reste de la soustraction doit donc être porté dans la colonne « *Doit* », et, dès ce jour, les intérêts seront calculés au taux prescrit pour les débiteurs de la Caisse.

Pour résumer :

Quand un compte commence par un prêt fait à la Caisse par quelqu'un qui lui dépose de l'argent : le compte est *créancier*, et doit s'inscrire dans la colonne « *Avoir* ».

Quand le compte commence par un prêt fait par la Caisse à quelqu'un qui lui emprunte de l'argent : le compte est *débiteur* et doit s'inscrire dans la colonne « *Doit* ».

Pour chaque nouvelle opération, il faut d'abord régler les intérêts échus à ce jour, et les additionner au capital.

Si le compte est *débiteur*, et que la nouvelle opération soit un nouvel emprunt, la dette est augmentée d'autant : on fait une addition, avec mention « *A nouveau* ».

Si le compte est *créancier*, et que la nouvelle opération soit un nouveau dépôt, la créance est augmentée d'autant : on fait une addition, avec mention « *A nouveau* ».

Si le compte est débiteur et que la nouvelle opération soit un versement de fonds, la dette est diminuée d'autant.

1° Si on a versé *moins* qu'il était dû : on soustrait la somme versée du chiffre de la dette : le reste est le montant de la dette ainsi réduite : on inscrit en face la mention « *A nouveau* ».

2° Si on a versé *autant* qu'il était dû, une soustraction donnerait pour reste *zéro*. Le compte est clos.

3° Si on a versé *plus* qu'il n'était dû, la dette est remboursée et l'ancien débiteur devient créancier : on soustrait le chiffre de la dette du chiffre du versement, et le reste est porté dans la colonne « *Avoir* ».

Si le compte est créancier, et si la nouvelle opération est un retrait d'argent ou un emprunt, on opère de même, suivant que la somme retirée est 1° inférieure, 2° égale, ou 3° supérieure à la créance.

E. RÈGLES POUR LE CALCUL DES INTÉRÊTS

a) *Le taux de l'intérêt* est indiqué par la somme d'intérêt à payer pour une année, pour un capital de cent francs.

On indique ce taux en écrivant le chiffre d'intérêt, par exemple 5, et en le faisant suivre du signe 0/0, qui signifie « pour cent. »

Ainsi, le taux de 5 pour **100** s'écrit 5 0/0, quatre et demi pour **100** s'écrit 4 1/2 0/0, etc.

Quand on a à multiplier une somme par le taux de l'intérêt, on exprime la fraction « *demie* » ou « *quart* » par une décimale.

Ainsi, *quatre et demie* équivalent à 4,5 (quatre unités, cinq dixièmes) : *trois et quart* équivalent à 3,25 (trois unités, vingt-cinq centièmes), etc.

b) *Les intérêts se calculent par années, par mois et par jours.*

Pour calculer les intérêts produits par une somme pendant une année, on multiplie cette somme par le taux d'intérêt, et on divise par **100**.

Exemple : 435 francs à 4 1/2 0/0 pendant un an.
On multiplie
par 4 1/2 qu'on écrit

$$\begin{array}{r} 435 \\ 4{,}5 \\ \hline 217\ 5 \\ 1740 \\ \hline 1957{,}5 \end{array}$$

Puis on divise par **100**, en repoussant la virgule de deux rangs vers la gauche, soit 19,575, ou 19 francs 60 centimes, parce qu'on ne compte pas par fractions de sous, et qu'on arrondit le chiffre.

c) *Pour calculer les intérêts par mois,* on procède comme pour les intérêts par année, puis on divise par 12 ; l'on a ainsi l'intérêt pour *un mois*.

Pour deux mois, on divise par 6, au lieu de diviser par 12.

Pour trois mois, on divise par 4.

Pour six mois, on divise par 2.

Pour cinq, sept, huit, etc., on cherche l'intérêt pour un mois, et on multiplie par cinq, sept, huit, etc.

Les mois se calculent de quantième en quantième, du 2 au 2, du 5 au 5, sans se préoccuper du nombre de jours ; peu importe qu'un mois ait 28 ou 31 jours, on les considère tous comme égaux.

d) *Pour calculer les intérêts par jours,* on suit les règles suivantes. L'année *est supposée* se composer de 360 jours, répartis en douze mois de 30 jours chacun.

Si la période pour laquelle on a à calculer les intérêts est de moins d'un mois, on compte les jours, mais sans tenir compte du premier : ainsi, si l'on a à calculer les intérêts courus du 4 juillet au 18 juillet, on soustrait 4 de 18; on a donc 14 jours. — On voit que le 18 juillet est compté, mais non le 4.

Si la période pour laquelle on a à calculer les intérêts est de plus d'un mois, on compte 30 jours par mois calculé de quantième en quantième, et on ajoute le nombre de jours qui restent.

Ainsi, du 5 janvier au 17 avril, on compte :

Du 5 janvier au 5 février..........................	30 jours (en réalité 31)
Du 5 février au 5 mars..........................	30 jours (en réalité 28)
Du 5 mars au 5 avril..........................	30 jours (en réalité 31)
Du 5 avril au 17 avril..........................	12 jours
Total..........................	102 jours.

Quand on a compté le nombre de jours, on procède ainsi :

1° On multiplie le capital par le taux de l'intérêt;

2° On multiplie le produit par le nombre de jours;

3° On divise ce produit par 1000, en reportant la virgule de trois rangs vers la gauche;

4° On divise le nombre ainsi obtenu par 36.

Exemple. — Quel est l'intérêt produit par 245 francs à 5 0/0, pendant 138 jours?

1° On multiplie le capital par le taux

```
 245
   5
----
1225
```

2° On multiplie le produit par le nombre de jours

```
   1225
    138
-------
   9800
  3675
 1225
-------
169,050
```

3° On divise le produit par 1000, en séparant trois chiffres par une virgule, soit 169,050;

4° On divise le nombre ainsi obtenu par 36

```
169,050 | 36
144     |-----
        | 4,69
 25,0
 21,6
 ----
 3,45
```

L'intérêt est donc de 4 fr. 69, ou 4 fr. 70, parce qu'on ne compte que par sous et qu'on arrondit les chiffres.

F. LIVRE D'INVENTAIRES

Tous les trois mois, il est procédé à l'inventaire de la Caisse rurale.

a) Pour cela, on commence par arrêter les comptes du Livre de Caisse, et on vérifie si l'argent en caisse concorde avec ce Livre.

Puis on arrête tous les comptes inscrits au Grand Livre, en calculant les intérêts échus à la date du jour fixé pour l'inventaire. (*Remarque importante :* l'inventaire ne doit pas nécessairement être terminé au jour fixé : il suffit d'arrêter tous les comptes à la même date; mais les calculs peuvent être faits quelques jours plus tard. Ainsi, pour l'inventaire au 31 décembre, le comptable peut faire son travail le 3 ou le 4 janvier, pourvu qu'il ne calcule que les intérêts échus au 31 décembre.)

Pour le compte de dépôts à la Caisse d'épargne, le comptable fera bien de faire régler le livret par l'Administration de la Caisse d'épargne, et de recopier purement et simplement, les comptes de cette Administration sur la page du Grand Livre consacrée à ce compte. — En effet, les Caisses d'épargne ont une comptabilité différente de celle qui a été indiquée ci-dessus. Les différences qui pourraient en résulter, bien qu'elles ne puissent dépasser *quelques centimes,* suffiraient à produire des inexactitudes dans les comptes de la Caisse.

b) Les comptes du Livre de Caisse et du Grand Livre étant arrêtés, on les reportera sur le Livre d'Inventaire de la manière suivante (Voyez MODÈLE Nº 4.

Chaque page du Livre d'Inventaire est divisée en trois colonnes. Dans la colonne de gauche, on inscrit la page du Grand Livre où se trouve le compte ; dans la colonne du milieu, on inscrit le nom du compte; dans la colonne de droite, on inscrit la somme à laquelle a été arrêté le compte.

La page de gauche est consacrée à l'*actif* de la Caisse, la page de droite au *passif.*

A l'*actif,* on inscrit d'abord l'argent en Caisse, d'après le Livre de Caisse.

Puis on inscrit successivement tous les comptes dont le règlement est fait dans la colonne « *Doit* » du Grand Livre. Ce sont ceux dont les titulaires sont débiteurs de la Caisse rurale.

Au *passif,* on inscrit tous les comptes dont le règlement est fait dans la colonne « *Avoir* » du Grand Livre.

On additionne séparément l'*actif* et le *passif.*

c) On reporte ensuite le plus petit total sous le plus grand, et on en fait la soustraction.

d) *Presque toujours,* l'*actif* est plus grand que le *passif.* Cela indique que la Caisse rurale *possède* plus qu'elle ne *doit.* Elle a donc réalisé un bénéfice qui est versé à la réserve.

Mais, pour se rendre compte des résultats obtenus depuis le dernier inventaire, il faut se rappeler que la réserve existait déjà lors du dernier inventaire.

1º Si l'excès de l'*actif* sur le *passif* est plus grand que la réserve au dernier inventaire, la différence constitue le bénéfice du dernier trimestre.

Exemple. — Actif..	2847 francs
Passif..	2466 —
L'actif dépasse le passif de	379 francs
Au dernier inventaire, la réserve était de..	297 —
Le bénéfice réalisé depuis est donc de..	82 francs
Qui sont versés à la réserve qui atteint le chiffre de..	379 —

2° Si l'excès de l'*actif* sur le *passif* égale la réserve au dernier inventaire, la Caisse n'a fait ni bénéfices, ni pertes. La réserve reste ce qu'elle était précédemment.

3° Si l'excès de l'*actif* sur le *passif* est moindre que la réserve au dernier inventaire, la Caisse a subi une perte qui est couverte par la réserve.

Exemple. — Actif	2847 francs
Passif	2664 —
L'actif dépasse le passif de	183 francs
Au dernier inventaire, la réserve était de	240 —
La perte subie depuis le dernier inventaire est de	57 —
Et la réserve est réduite à	183 —

e) Il peut arriver exceptionnellement que le *passif* dépasse l'*actif*. Le cas se présentera normalement la première année d'exercice, car les bénéfices réalisés pourront ne pas couvrir complètement les frais de constitution. — Il peut arriver aussi qu'un débiteur de la Caisse devienne insolvable et lui fasse subir une erte.

Dans ce cas, l'inventaire sera clos de la manière suivante :

Passif	2847 francs
Actif	2739 —
Le passif dépasse l'actif de	108 francs
Au dernier inventaire, la *réserve* était de	35 —
La perte subie depuis le dernier inventaire est donc de	143 francs

Ou bien :

Passif	2847 francs
Actif	2739 —
Le passif dépasse l'actif de	108 francs
Au dernier inventaire, le *déficit* était de	24 —
La perte subie depuis le dernier inventaire est donc de	84 francs

Ou bien :

Passif	2847 francs
Actif	2739 —
Le passif dépasse l'actif de	108 francs
Au dernier inventaire, le déficit était de	240 —
	108 —
Le bénéfice réalisé depuis le dernier inventaire est donc de	132 francs.

f) Pour l'application des règles indiquées sous la lettre *F*, il faut faire la remarque suivante :

Quand un débiteur de la Caisse devient insolvable, et quand sa caution est également insolvable (ce qui est extrêmement rare), le Grand Livre n'accuse cependant aucune perte; on continue à faire le calcul d'intérêts de la dette. Si, dans l'inventaire, on portait à l'*actif* tous les comptes débiteurs, la Caisse ne paraîtrait jamais avoir subi une perte.

Il ne faut donc pas porter à l'*actif* les comptes dont le payement est douteux. Dès qu'on n'a plus la certitude de faire rembourser une créance, il faut établir l'inventaire comme si cette créance était perdue et, il faut administrer la Caisse comme s'il n'y avait plus aucun espoir de faire payer le débiteur. En conséquence, l'Administration élèvera le taux de l'intérêt à exiger des nouveaux emprunteurs, si cette mesure est nécessaire pour combler le déficit.

Les créances douteuses devront néanmoins figurer dans l'inventaire, mais simplement pour mémoire, à la suite de l'arrêté d'inventaire et du calcul de la réserve et des bénéfices ou pertes. On les inscrira sous le titre de *Créances douteuses* avant les signatures de l'Administration.

Il est bien entendu que le fait d'inscrire une créance comme douteuse n'empêche pas la Caisse d'en poursuivre le recouvrement. L'Administration a, au contraire, le devoir strict de veiller *tout particulièrement* au remboursement de ces créances.

G. REGISTRE DES DÉLIBÉRATIONS

Enfin, il est nécessaire de tenir un ou plusieurs registres des délibérations du Conseil d'administration, du Conseil de surveillance et des Assemblées générales.

On peut tenir trois registres distincts, l'un pour le Conseil d'administration, 'autre pour le Conseil de surveillance, l'autre pour les Assemblées générales. *On peut aussi,* avec moins de complication, tenir un seul registre pour le tout. Dans ce cas, en marge de chaque délibération ou procès-verbal, on inscrit, suivant les cas, les mentions :

Séance du Conseil d'administration du 13 *juillet* 1893.

ou *Séance du Conseil de surveillance du* 20 *août* 1894.

ou *Assemblée générale du* 6 *février* 1895, etc.

On inscrit aussi, en marge, l'objet de la délibération.

Élection du directeur.

ou *Prêt à Claude Perrin, etc.*

Les décisions accordant un prêt doivent mentionner le montant du prêt, son emploi, la caution et les dates des échéances successives.

Mais la décision inscrite sur le registre, fût-elle signée de l'emprunteur et de la caution (*ce qui ne doit pas se faire*), ne formerait pas un titre de créance valable. Il faut, dans tous les cas, que l'emprunteur et la caution signent un engagement, suivant le MODÈLE N° 5.

H. REGISTRE DES ENGAGEMENTS (*facultatif*)

a) Pour chaque prêt consenti par la Caisse, l'emprunteur remet un engagement sur papier timbré, suivant le MODÈLE N° 5. Si, par exception, le prêt était garanti par une hypothèque, il faudrait un acte notarié et la Caisse recevrait une *grosse* de cet acte.

C'est le comptable qui a la garde de toutes ces valeurs.

Il fera bien (quoique ce ne soit pas nécessaire, puisque toutes ces indications se retrouvent sur le Grand Livre et sur le registre des délibérations) d'inscrire, par ordre de dates, toutes les valeurs qu'il reçoit. Cette inscription, sur un petit carnet, pourrait être faite de la manière suivante :

N° 5. — A. Godin (*Grand Livre*, p. 3).
Emprunt de 600 francs du 1er juillet 1893 (Achat d'une paire de bœufs).
Caution : Pierre Molard. Intérêts 5 0/0.
Echéances : 25 novembre 1893. 100 francs.
15 mai 1894 200 —
20 septembre 1894 200 —
15 mai 1895 100 —
N° 6. Pierre Henry (*Grand Livre*, p. 4), etc.

b) Le comptable peut aussi établir, par ordre de dates, une liste des échéances des divers débiteurs de la Caisse, d'après le modèle suivant :

25 novembre 1893.	A. Godin (*Grand Livre*, p. 3).	100	francs.	
15 décembre —	Pierre Henry (*Grand Livre*, p. 4).	150	—	
10 janvier 1894.	Charles Garnier (*Grand Livre*, p. 4).	85	—	
15 mai —	A. Godin (*Grand Livre*, p. 3).	200	—	etc., etc.

Cette liste, qu'il aurait soin de tenir à jour, lui éviterait de feuilleter à chaque instant les valeurs confiées à sa garde, pour vérifier s'il n'a pas à faire rentrer des sommes échues. Elle n'est pas indispensable, mais le comptable comprendra combien elle lui évitera des recherches et des fatigues inutiles, surtout si la Caisse fait beaucoup d'affaires et a des échéances nombreuses à surveiller.

VII. — Règles d'administration.

A. La première chose à faire, après la constitution légale de la Caisse (Voyez le chapitre *Formalités de constitution*), c'est l'organisation de l'Administration.

L'Assemblée générale provisoire n'a aucun pouvoir légal. Elle est une simple réunion de personnes ayant l'intention de fonder une Caisse rurale et désignant trois de ses membres pour remplir les formalités légales. Néanmoins, les trois membres du Conseil d'administration conservent leurs pouvoirs, puisque, au moment de la constitution de la Caisse, ils étaient *légalement* les seuls membres de la Société, et qu'ils ont pu s'attribuer ces fonctions.

Il importe donc, aussitôt après le dépôt des statuts aux greffes, et sans même attendre la publication dans un journal, de convoquer une Assemblée générale régulière, conformément aux dispositions de l'art. **11** des statuts.

Cette Assemblée générale élira le Conseil de surveillance.

Elle fixera le maximum des engagements totaux de la Caisse rurale.

Elle fixera le maximum des prêts que le Conseil d'administration pourra accorder au même sociétaire.

Elle fixera le maximum des prêts que le Conseil de surveillance pourra autoriser au même sociétaire sur l'avis du Conseil d'administration.

(*Par exemple :* le Conseil d'administration ne peut pas prêter plus de 800 francs à un seul sociétaire; mais le Conseil de surveillance peut autoriser le Conseil d'administration à faire exceptionnellement un prêt ne dépassant pas 1500 francs.)

Enfin, l'Assemblée générale décide s'il y a lieu d'accorder une rétribution au comptable ou à son secrétaire.

B. Le Conseil d'administration choisit ensuite le comptable qui doit être nécessairement un sociétaire. *Il est désirable* que le comptable remplisse gratuitement ses fonctions; dans ce cas, il peut être membre du Conseil d'administration ou du Conseil de surveillance. Il est à désirer que l'un des membres du Conseil d'administration (mais non le directeur) se charge de ces fonctions, qui n'exigent aucune connaissance spéciale.

Il est possible que, dans une petite commune, aucun des membres de la Caisse rurale ne se croie en état de tenir la comptabilité, et qu'on soit obligé de recourir à un homme plus instruit, qui ne fasse pas partie de la Société, ou qui ne puisse pas fournir la caution exigée du comptable. On peut alors confier à cet homme, par exemple, au secrétaire de la mairie, la fonction de secrétaire du comptable.

Dans ce cas, il y a un comptable pris parmi les sociétaires, fournissant caution ou en étant dispensé conformément à l'art. 12 des statuts : ce comptable a seul la garde des valeurs et le maniement de l'argent, il a seul la responsabilité.

Son secrétaire est chargé *seulement* de faire les calculs et de tenir en ordre le Grand Livre et les autres registres, à *l'exception du Livre de Caisse,* qui doit être tenu exclusivement par le comptable, ce qui n'est pas bien difficile, puisqu'il n'y a qu'à y inscrire, au fur et à mesure, les sommes reçues et les sommes payées.

Quand il y a un secrétaire, lui seul peut être payé, le comptable remplissant ses fonctions gratuitement.

C. La Caisse rurale n'est pas une banque; elle n'a pas besoin d'un local à elle. Suivant les circonstances, elle pourra tenir ses réunions de Conseil ou ses Assemblées générales à la mairie, si la municipalité veut bien lui prêter une salle, ou chez l'un de ses membres qui consentira à lui prêter une pièce de sa maison pour les réunions du Conseil, ou une grange pour les réunions de l'Assemblée générale, s'il n'y a pas de pièce assez grande pour contenir tous les sociétaires.

Habituellement, le Conseil d'administration tient ses séances chez le directeur, le Conseil de surveillance chez son président.

D. Il est à désirer que les membres du Conseil d'administration ne soient pas changés trop souvent. Toutes les fois que l'Assemblée générale nomme un nouveau membre et ne maintient pas en fonction le membre sortant, *le procès-verbal de l'élection doit être déposé* sur papier timbré de 60 centimes aux greffes de la justice de Paix et du tribunal de Commerce (ou du tribunal civil) et *publié dans un journal*, comme l'ont été les statuts. Ce sont des frais relativement importants, qu'il faut éviter dans la mesure du possible.

Les changements de membres du Conseil de surveillance, du comptable ou de son secrétaire ne donnent lieu à aucune publication.

E. Pour accorder un prêt, il faut examiner sérieusement la solvabilité de l'emprunteur et de sa caution, et l'usage que l'emprunteur veut faire de l'argent qu'il demande.

Le directeur et les membres du Conseil d'administration sont tenus de prendre tous les renseignements nécessaires. Si le prêt dépasse la limite permise au Conseil d'administration, le Conseil de surveillance est tenu de prendre aussi les renseignements.

F. *En pratique*, voici comment on procède généralement :

L'Administration de la Caisse rurale ne peut pas être tous les jours, à toute heure, à la disposition des emprunteurs.

La Caisse n'est ouverte que le dimanche, à une heure déterminée. Le directeur ou l'un des membres du Conseil d'administration est présent avec le registre des délibérations. Tous ceux qui veulent emprunter font leur demande, qui est inscrite sur le registre, avec l'indication de la caution offerte, de l'emploi et des échéances proposées par l'emprunteur. L'Administration ne prend aucune décision sur-le-champ. Les membres du Conseil prendront leurs informations pendant les premiers jours de la semaine, se réuniront en Conseil, un soir (le mercredi, par exemple) chez le directeur et décideront s'il y a lieu d'accorder le prêt, d'abréger ou d'allonger les délais de payement, etc. La décision est inscrite sur le registre des délibérations.

Le directeur communique le registre au comptable, qui prépare l'acte d'engagement (MODÈLE N° 5). L'emprunteur est averti et se présente le dimanche suivant à l'heure déterminée.

G. Ainsi, chaque dimanche :

Le comptable reçoit les versements d'acompte ou d'intérêts payés par les débiteurs de la Caisse : les quittances sont signées par lui, le directeur et un membre du Conseil d'administration.

Il reçoit aussi les dépôts autorisés par le Conseil d'administration ; la reconnaissance remise au déposant doit porter les mêmes signatures (MODÈLE N° 6).

Il remet aux emprunteurs le montant des prêts autorisés par le Conseil d'administration ou le Conseil de surveillance, suivant les cas; il fait signer l'acte d'engagement (MODÈLE N° 5) par l'emprunteur et la caution. L'acte d'engagement étant préparé d'avance par le comptable, la signature de l'emprunteur doit être précédée de la mention *écrite de sa main :* **Bon pour six cents francs.** (Les chiffres en toutes lettres.) La signature de la caution doit être précédée de la mention, *écrite de la main de la caution :* **Bon pour caution de six cents francs et intérêts**. (Les chiffres en toutes lettres.)

(Remarque importante. — Si l'emprunteur ou la caution savent signer, mais ne savent pas écrire, ces mentions ne doivent pas être écrites d'une autre main ; *elles sont simplement supprimées*, l'art. **1326** du Code civil en dispensant les marchands, artisans, laboureurs, vignerons, gens de journée ou de service. Mais cette dispense ne s'applique qu'à ceux *qui ne savent pas écrire;* les autres, quelle que soit leur profession, doivent mettre le *Bon pour*.)

Ces opérations de Caisse terminées, le directeur ou un membre du Conseil d'administration enregistre les demandes pour le dimanche suivant, comme il est dit à la lettre *F*.

Le Conseil d'administration examine ensuite avec le comptable s'il y a lieu de chercher de nouveaux capitaux, ou si, au contraire, il faut placer à la Caisse d'épargne l'argent en caisse. *En aucun cas,* l'argent en caisse ne doit être employé en reports ou autres opérations commerciales. Il vaudrait mieux le laisser improductif dans la caisse.

H. Tous les mois, et plus souvent, s'il le juge nécessaire, le directeur vérifie la Caisse, comme il est dit au paragraphe du *Livre de Caisse*.

I. Tous les trois mois, le Conseil d'administration fait inventaire.

Pour cela, il procède aux opérations suivantes :

1° Il vérifie si chaque emprunteur a employé les fonds à l'usage convenu (cette vérification doit être faite, non seulement au moment de l'inventaire, mais *surtout* dans la semaine qui suit le prêt). Il examine aussi si la solvabilité du débiteur et de la caution n'a pas diminué. Il détermine ainsi les créances qui pourraient être comptées comme douteuses.

2° Il vérifie les livres; pour cela, un membre du Conseil d'administration prend le Livre de Caisse, et un autre membre prend le Grand Livre.

Celui qui a le Livre de Caisse lit à haute voix chacune des mentions de ce Livre, en indiquant, d'après la seconde colonne, la page du Grand Livre où cette mention est reportée. Celui qui a le Grand Livre cherche la page indiquée, et voit si la mention est régulièrement faite ; il marque d'une croix toutes les mentions vérifiées. On voit ainsi si toutes les mentions du Livre de Caisse ont été fidèlement reportées sur le Grand Livre.

On prend ensuite le Grand Livre et on suit tous les comptes, en examinant si toutes les mentions de versements ou de payement d'argent ont été marquées d'une croix; celles qui n'auraient pas cette marque auraient été portées sur le Grand Livre sans figurer sur le Livre de Caisse. Il y aurait là la preuve d'une irrégularité.

3° Le Conseil vérifie, en outre, si tous les comptes débiteurs sont représentés par un acte d'engagement régulier, dont les mentions concordent avec celles du Grand Livre.

4° Enfin, le Conseil fait dresser l'inventaire comme il est dit au paragraphe du *Livre d'inventaire*.

5° Il est dressé un procès-verbal de ces opérations sur le registre des délirations.

J. Le Conseil de surveillance procède aux mêmes opérations, dans la semaine qui suit. Le président signe le registre d'inventaire; les observations du Conseil de surveillance sont consignées dans un procès-verbal inscrit au registre des délibérations. Ce procès-verbal contient, notamment, les décisions du Conseil de surveillance relatives au remboursement anticipé de certains prêts, conformément à l'art. 10 § 6 des statuts.

K. Tous les ans, après la confection de l'inventaire d'hiver, et plus souvent, s'il y a lieu, le directeur convoque l'Assemblée générale, de la manière indiquée par les statuts (art. 11).

L'Assemblée générale, appelée à approuver les comptes et la gestion du Conseil d'administration, élit elle-même son président. Les Assemblées générales, convoquées dans le courant de l'année, sont présidées par le directeur de la Caisse. Le président fait l'appel nominal des sociétaires; il vérifie si les membres présents sont en nombre suffisant pour délibérer valablement (Voyez art. 11).

L'Assemblée générale élit un membre du Conseil de direction, en remplacement du membre sortant chaque année; sauf raisons sérieuses, il est à désirer que le membre sortant soit réélu, pour établir un esprit de suite dans la direction de la Caisse, et pour éviter les frais de publicité (Voyez lettre *D*).

Elle élit les deux ou les trois membres du Conseil de surveillance en remplacement des deux ou trois membres sortant chaque année.

Il lui est donné lecture du dernier inventaire trimestriel et de l'inventaire annuel. (L'inventaire annuel est identique au dernier inventaire trimestriel, sauf que le calcul du bénéfice ou du déficit est fait d'après les données du dernier inventaire annuel, au lieu d'être fait d'après les données du dernier inventaire trimestriel. Ainsi (MODÈLE N° 4), en face de la mention : *au dernier inventaire (annuel) la réserve était de.....* on inscrit le chiffre de la réserve de l'année précédente et non du trimestre précédent.)

Il est donné lecture du procès-verbal du Conseil de surveillance. (Lettre *J*.)

L'Assemblée générale discute, s'il y a lieu, les comptes qui lui sont présentés, les approuve ou vote une résolution indiquant les erreurs et les fautes qu'elle aurait constatées.

Elle modifie, s'il y a lieu, les décisions qu'elle avait prises l'année précédente, relativement aux dispositions des §§ 3 et 4 de l'art. 11.

Elle statue, en dernier ressort, sur l'admission ou l'exclusion des membres, qui auraient fait appel de la décision du Conseil d'administration. L'exclusion ne peut être prononcée qu'à la majorité des deux tiers des membres présents.

Il est dressé du tout un procès-verbal, par le comptable ou son secrétaire. Le procès-verbal est inscrit sur le registre des délibérations, et signé par le comptable et par le président de l'Assemblée générale.

On doit déposer aux deux greffes, sur papier timbré de 60 centimes, enregistrer au droit fixe de 3 fr. 75, et *publier dans un journal* dont un exemplaire est certifié par l'imprimeur légalisé par le maire, et enregistré au droit fixe de 3 fr. 75, les extraits du procès-verbal de l'Assemblée, quand il en résulte :

1° Que le Conseil d'administration n'est plus composé des mêmes membres;

2° Que les statuts sont modifiés.

Dans tous les autres cas, il n'y a lieu de faire aucune formalité.

MODÈLE N° 1

Livres d'entrées et de sorties des sociétaires.

1	J'adhère à la Caisse rurale de la commune de Le 2 juillet 1893. *Le directeur :* JOSEPH MARTIN. A. BERTHIER. C. THERME, *Membre du Conseil d'administration.*	Décédé le 5 novembre 1893.
2	J'adhère à la Caisse rurale de la commune de Le 3 juillet 1893. *Le directeur :* A. BENOIT. A. BERTHIER. C. THERME, *Membre du Conseil d'administration.*	
3	J'adhère à la Caisse rurale de la commune de Le 3 juillet 1893. *Le directeur :* P. HENRY. A. BERTHIER. C. THERME, *Membre du Conseil d'administration.*	Démissionnaire le 15 septembre 1893. — N° 5.
4	J'adhère à la Caisse rurale de la commune de Le 5 juillet 1893. *Le directeur :* J. M. GODIN. A. BERTHIER. C. THERME, *Membre du Conseil d'administration.*	Exclu le 20 octobre 1893. — N° 6.
5	Je donne ma démission de membre de la Caisse rurale de Le 15 septembre 1893. *Le directeur :* P. HENRY. A. BERTHIER. C. THERME, *Membre du Conseil d'administration.*	
6	Le sieur J. M. Godin est exclu de la Caisse rurale de la commune de , par décision de l'Assemblée générale en date de ce jour. Le 20 octobre 1893. *Le directeur :* A. BERTHIER. C. THERME, *Membre du Conseil d'administration.*	
7		
8		
9		
10		
11		
12		
13		

MODÈLE N° 2

Livre de caisse.

DATES	PAGES du Grand Livre	OPÉRATIONS	REÇU fr.	REÇU c.	PAYÉ fr.	PAYÉ c.
		Report	1542	60	761	40
5 Juillet 1893	18	Reçu de Godin, intérêts et acompte sur sa dette	83	25		
7 Juillet »	7	Payé à Henry, montant d'un prêt accordé par le Conseil			430	
9 Juillet »	8	Payé à Benoît, montant d'un prêt accordé par le Conseil			180	
11 Juillet »	1	Retiré de la Caisse d'épargne	280			
11 Juillet »	19	Payé à Pierre Martin, montant d'un prêt accordé par le Conseil			450	
17 Juillet »	14	Reçu de Jacques Morin, en dépôt autorisé par le Conseil	600		450	
		Total	2515	85	1831	40
19 Juillet »		Les recettes s'élevant à 2515 85 Les payements à 1831 40 Il doit rester en caisse 684 45 La caisse, vérifiée par nous, directeur, ce 19 juillet 1893, était en règle. *Le directeur :* A. Berthier				
21 Juillet »	11	Reçu de Jacques Garnier, intérêts et acompte	147	30		
9 Septembre 1893	9	Payé à Joseph Bernard, intérêts de ses dépôts			43	
21 Septembre »	6	Payé à Antoine Perret, acompte sur son dépôt			300	
30 Septembre »		Arrêté les comptes, pour l'inventaire trimestriel	2663	15	2174	40

MODÈLE N° 3

Grand Livre.

DATES	PAGES du Livre de Caisse	MONSIEUR A. GODIN	DOIT fr.	DOIT c.	AVOIR fr.	AVOIR c.
1er Juillet 1893	2	Emprunté à 5 o/o (décision du Conseil du 28 juin)	600			
19 Novembre 1893		Intérêts pendant 139 jours à 5 o/o	11	60		
		Total	611	60		
	3	Payé intérêts et acompte sur le capital	150			
		A nouveau	461	60		
31 Décembre »		Intérêts pendant 41 jours à 5 o/o	2	65		
		A nouveau	464	25		
10 Mai 1894		Intérêts pendant 130 jours à 5 o/o	8	40		
		Total	472	65		
	5	Payé intérêts et acompte sur le capital	300			
		A nouveau	172	65		
30 Juin »		Intérêts pendant 50 jours à 5 o/o	1	20		
		A nouveau	173	85		
7 Septembre 1894		Intérêts pendant 67 jours à 5 o/o	1	60		
		Total	175	45		
	6	Payé pour soldé	300			
		A nouveau			124	55
31 Décembre »		Intérêts à 3 1/2 pendant 113 jours			1	40
		A nouveau			125	95
30 Juin 1895		Intérêts à 3 1/2 pendant six mois			2	20
		A nouveau			128	15
		Intérêts à 3 1/2 pendant 18 jours			0	20
		Total			128	35
	11	Emprunté à 5 o/o (décision du Conseil du 16 juillet)			400	
		A nouveau	271	65		

MODÈLE N° 4

Livre d'inventaires.

Inventaire au 31 décembre 1893.

PAGES du Grand Livre.	ACTIF	FR.	C.	PAGES du Grand Livre.	PASSIF	FR.	C.
	En Caisse	383	65	2	Compte Jacques Morin	1348	65
1	A la Caisse d'épargne	961	40	5	Compte Antoine Perret	938	40
3	Compte Godin	173	80	8	Compte Joseph Dupont	769	30
4	Compte Henry	278	»		Total	3056	35
6	Compte Benoît	413	15				
7	Compte Pierre Martin	741	25				
9	Compte Jacques Garnier	359	40				
	Total	3310	65				
	Total du passif	3056	35				
	L'actif dépasse le passif de	264	30				
	Au précédent inventaire, la réserve était de	183	45				
	Le bénéfice réalisé depuis le précédent inventaire est de	80	85				
	Il est versé à la réserve qui atteint le chiffre de	264	30				
	Créances douteuses.				*Dans le cas où le passif dépasserait l'actif, on clôturerait ainsi l'inventaire.*		
10	Compte Charles Bertin	83	»		Total	3056	35
					Total de l'actif	2960	40
					Le passif dépasse l'actif de	95	95
					Au précédent inventaire, le déficit était de	130	40
					Le bénéfice réalisé depuis le précédent inventaire est de	34	45
					Le déficit actuel est de	95	95
	Le comptable : ANDRÉ BORDAT — *Le directeur :* A. BERTHIER — *Le président du Conseil de surveillance :* PIERRE MOLIN				*Le comptable :* ANDRÉ BORDAT — *Le directeur :* A. BERTHIER — *Le président du Conseil de surveillance :* PIERRE MOLIN		

MODÈLE N° 5

Acte d'engagement.

Je soussigné, reconnais avoir reçu de la Caisse rurale de la commune de   la somme de six cents francs, pour être employée à l'achat d'une paire de bœufs. Cette somme portera intérêt à cinq pour cent. Je m'engage à payer, en outre, des intérêts échus à ces diverses époques : 1° cent francs avant le 15 mai 1893; 2° deux cents francs avant le 20 novembre 1893; 3° cent francs avant le 15 mai 1894; 4° deux cents francs avant le 20 novembre 1894.

Fait et signé à   , le 17 février mil huit cent quatre-vingt-treize.

BON POUR SIX CENTS FRANCS	BON POUR CAUTION DE SIX CENTS FRANCS ET INTÉRÊTS
A. GODIN	CHARLES MICHEL

REMARQUES. — 1° Cet acte doit être fait sur papier timbré de *cinq centimes par cent francs* ou sur papier ordinaire sur lequel on apposerait des *timbres mobiles* pour un valeur de *cinq centimes par cent francs*. — On pourrait aussi faire un acte spécial pour chaque échéance; *par exemple* : un acte de cent francs pour le 15 mai 1893; un acte de deux cents francs pour le 20 novembre, etc.

2° Toutes les sommes et toutes les dates doivent être écrites en toutes lettres et non en chiffres.

3° Les mentions : *Bon pour.....* doivent être écrites de la main de celui qui les signe. Si l'emprunteur ne sait pas écrire, mais sait signer, la mention sera supprimée, mais ne devra jamais être écrite de la main du comptable ou d'une autre personne.

Si la caution ne sait pas écrire, mais sait signer, on supprimera la mention : *Bon pour caution.....*, mais on ajoutera au texte, *avant la date*, la phrase suivante : *Le présent engagement est cautionné par M. Charles Michel.*

MODÈLE N° 6

Reconnaissance de dépôts.

La Caisse rurale de la commune de reconnaît avoir reçu de Monsieur Claude Bernard la somme de dix-huit cents francs, qui portera intérêts à trois et demi pour cent, payables les 1er février et 1er août de chaque année. Cette somme sera remboursée à Monsieur Claude Bernard dans les deux mois qui suivront sa demande de remboursement.

Fait et signé à , le 1er août mil huit cent quatre-vingt-treize.

Le directeur de la Caisse :	*Le comptable :*	C. Therme
A. Berthier	André Bordat	*Membre du Conseil d'administration.*

Remarque. — Cet acte doit être fait sur papier timbré de *cinq centimes par cent francs* ou sur papier libre sur lequel on apposerait un ou plusieurs timbres mobiles de même valeur.

Toutes les sommes et toutes les dates doivent être écrites en toutes lettres et non en chiffres.

Les mentions : *Bon pour* sont inutiles; on peut les mettre si l'on veut.

MODÈLE N° 7

Quittances.

Remarque.— Les quittances se font sur papier ordinaire : il faut y apposer un timbre-quittance de dix centimes, toutes les fois qu'il est donné quittance d'une somme supérieure à dix francs, ou d'une somme inférieure à dix francs, mais faisant partie d'une créance de plus de dix francs. — Le comptable n'a pas qualité pour donner quittance au nom de la Caisse rurale, mais il doit signer les quittances pour qu'il soit constaté qu'il a reçu la somme et qu'il en est responsable vis-à-vis de la société.

Pour éviter les frais de timbre-quittance, on peut ne pas délivrer de quittance et se borner à une mention sur les registres de la société, si le débiteur consent à s'en contenter.

Formule n° 1. — *Quittance à un emprunteur de la Caisse, pour acompte.*

Reçu de M. A. Godin la somme de cent quarante-trois francs, à valoir sur son compte.

Timbre-quittance

Le quinze juillet mil huit cent quatre-vingt-treize.

Le Directeur :	*Le comptable :*	C. Therme,
A. Berthier.	André Bordat.	*Membre du Conseil d'administration.*

Formule n° 2. — *Quittance pour solde à un emprunteur.*

Reçu de M. A. Godin la somme de trois cent soixante-quatre francs trente-cinq centimes, pour solde de son compte à ce jour.

Timbre-quittance

Le 1er septembre mil huit cent quatre-vingt-treize.

Le Directeur :	*Le comptable :*	C. Therme,
A. Berthier.	André Bordat.	*Membre du Conseil d'administration.*

Formule n° 3. — *Quittance pour intérêts à un créancier de la Caisse.*

Reçu de la Caisse rurale de la commune de   la somme de quarante-cinq francs, montant de mes intérêts échus le 1er juillet mil huit cent quatre-vingt-treize.

Timbre-quittance

Le 4 juillet mil huit cent quatre-vingt-treize.

Charles Gautier.

Formule n° 4. — *Quittance pour intérêts et retrait partiel d'un créancier de la Caisse.*

Reçu de la Caisse rurale de la commune de   la somme de deux cent trente-cinq francs, représentant les intérêts échus au 1er mai mil huit cent quatre-vingt-treize, et un acompte sur mon capital.

Timbre-quittance

Le 4 mai mil huit cent quatre-vingt-treize.

Charles Gautier.

Formule n° 5. — *Quittance pour solde d'un créancier de la Caisse.*

Reçu de la Caisse rurale de la commune de   la somme de huit cent trente-cinq francs quarante centimes, pour solde de tout compte à ce jour.

Timbre-quittance

Le 5 novembre mil huit cent quatre-vingt-treize.

Charles Gautier.

TABLE DES MATIÈRES

IMPRIMERIE E. PETITHENRY, 8, RUE [illegible], PARIS

Un devoir social : Le crédit agricole et les Caisses rurales, brochure de propagande, par Louis Durand, prix franco .... 0 fr. 50

Statuts imprimés sur papier timbré (les trois exemplaires nécessaires pour la constitution de la Caisse rurale) .... 7 fr. 30

REGISTRES SPÉCIAUX, CONFORMES A LA COMPTABILITÉ EXPLIQUÉE DANS LE MANUEL

Livre d'entrées et de sorties des sociétaires (100 pages) .... 2 fr.

Livre de Caisse (100 pages) .... 2 fr.

Grand Livre (200 pages) .... 4 fr.

Livre d'inventaires (100 pages) .... 2 fr.

Livre des délibérations (100 pages) .... 1 fr. 25

Ces cinq registres peuvent être envoyés en un seul colis-postal, ajouter 0 fr. 85 pour frais de port.

Adresser les commandes à l'*Union des Caisses rurales et ouvrières françaises à responsabilité illimitée*, à Lyon, avenue de Noailles, 55, ou, spécialement pour les registres, à la *Papeterie générale*, 94, rue de l'Hôtel-de-Ville, Lyon, en y joignant un mandat sur la poste, ou autre valeur payable à Lyon.

DU MÊME AUTEUR

ESSAI DE DROIT INTERNATIONAL PRIVÉ, précédé d'une étude historique sur la condition des étrangers en France, et suivi du texte de tous les traités intéressant les étrangers, ouvrage couronné par la Faculté catholique de Droit de Lyon (médaille d'or) et par l'Académie et Législation de Toulouse (concours général, 1882, médaille d'or.) 1884 in-8°. Paris, Larose et Forcel, libraires, éditeurs .... 10 fr.

SAGGIO DI DIRITTO INTERNAZIONALE PRIVATO, per Luigi Durand, avvocato, dottore in diritto, commendatore dell'ordine di San-Gregorio Magno. Versione autorizzata dall'autore, pel Prof. Diodato Lioy, col confronto del diritto e giurisprudenza italiana pel Prof. Francesco Paolo Contuzzi. Napoli, Stabilimento tipografico dei Classici Italiani. Largo dei Bianchi allo Spirito Santo, 9. 1887 .... 6 fr.

LA PHILOSOPHIE DU DROIT, par Diodato Lioy, ouvrage traduit de l'italien avec l'autorisation de l'auteur, avec une préface par Louis Durand et Jean Terrel, docteurs en droit, avocats à la Cour d'appel de Lyon. 1886, in-8°. Paris. Chevalier Marescq, librairies éditeurs .... 10 fr.

LE CRÉDIT AGRICOLE en France et à l'étranger, ouvrage couronné par la *Société nationale d'agriculture de France*. 1891, in-8°, Paris. Chevalier Marescq, libraires éditeurs. .... 10 fr.